中华经典精粹解读

老子

陆玉林 编著

中華書局

图书在版编目（CIP）数据

老子/陆玉林编著．—北京：中华书局，2011.3（2024.7 重印）
（中华经典精粹解读）
ISBN 978-7-101-07810-7

Ⅰ．老…　Ⅱ．陆…　Ⅲ．道家　Ⅳ．B223

中国版本图书馆 CIP 数据核字（2011）第 007629 号

书　　名　老　子
编 著 者　陆玉林
丛 书 名　中华经典精粹解读
责任编辑　彭玉珊　吴麒麟
责任印制　陈丽娜
出版发行　中华书局
（北京市丰台区太平桥西里 38 号　100073）
http：//www. zhbc. com. cn
E-mail：zhbc@ zhbc. com. cn
印　　刷　天津画中画印刷有限公司
版　　次　2011 年 3 月第 1 版
2024 年 7 月第 6 次印刷
规　　格　开本/880×1230 毫米　1/32
印张 8⅜　插页 1　字数 219 千字
印　　数　31001-34000
国际书号　ISBN 978-7-101-07810-7
定　　价　45.00 元

出版说明

在快节奏的现代生活中，如何在有限的时间里读到中国传统文化中最经典的著作？怎样才能尽快领略到经典的核心要义，减少在茫茫书海中不得要领的辛苦？“中华经典精粹解读”丛书正是为适应当代读者需求而特别编写的国学经典普及丛书。

丛书“精粹”二字体现在两个方面：一是所选典籍均为中国传统文化中最具代表性的著作，二是所选文段均为经典中的精华部分。

原文后附“扩展阅读”，是参照原文选段，从其他经典著作中选摘出的内容、思想与本段相关的语段，以使读者获得比较阅读的乐趣，视野得以开阔，思路得以拓宽，从而更加全面深入地理解选文。

段末“点评”，是在充分尊重前人思想成果的基础上，从当代人的视角出发，对文段精髓加以讨论解读，以唤起读者更多的思索和体悟。

原文选段及扩展阅读选段之后，辅以侧重语词解释的注释和串讲文意的译文，不作繁琐考证，以助理解；生僻字词均加注汉语拼音，以利诵读。

本套丛书选用中华书局出版的权威版本作为底本，由富有研究成果的专家学者协力遴选篇章、撰写导言及点评，在此对专家学者们“撷取务精、注释务准”的专业精神表示由衷谢意。

藉由此书，我们愿为古典文学爱好者以及有兴趣了解经典的读者奉上可参考的常备读本。希望我们的努力可以为传统经典贴近当代读者、当代读者走近传统经典助力。

中华书局编辑部

2011 年 3 月

导 言

春秋战国时期，思想文化领域百家争鸣，群星璀璨。群星之中的启明星是老子——中国历史上第一位哲学家。《老子》即《道德经》，是中国最早的一部具有完整理论体系的个人著述。

一、迷离的身世

有关老子的生平，唯一可靠的资料是汉代司马迁的《史记·老子列传》。然而，这篇传记也有不清楚的地方。司马迁说老子是“楚苦县（今河南省鹿邑县）厉乡曲仁里人，姓李氏，名耳，字聃”。就姓氏而言，春秋240年间无李姓，但有老姓，因而老子可能原本就姓老。老子的生卒年也不清楚。据专家考证，老子约生于公元前570年左右，比孔子（前551—前479）年长；至于卒年则没有定论。

老子曾做过周王朝的史官，具体为何种史官，有几种不同的说法，如守藏史、柱下史、征藏史、太史、小史等。一般流行的说法，认为是守藏史，相当于现在的国家图书馆馆长。后老子看到周室日渐衰微，就离开了。在出关的时候，守关的官员见老子要归隐，就请他写书。于是，老子就写了一部五千字左右的书，分上下篇，主要讲“道”和“德”的问题，后人尊之为《老子》。

司马迁为老子作传的时候，还谈到了老莱子和太史儋，因此，也有人认为老莱子或太史儋就是老子；还有人认为《庄子》

中提到的太公任是老子。这几种说法，有一定的依据，但牵强附会的成分居多，很难采信。

《史记》讲老子作《老子》，但也有人认为《老子》不是老子写的，而是出于战国中期或更晚。1993年湖北省荆门市郭店一号楚墓出土了一批竹简，其中有《老子》的若干片段，证明了这种说法并不成立。然而，又有学者据此提出，战国时的太史儋曾托名老子，现在流行的《老子》实际上是太史儋的书和老聃的书的合成品，而老子也确实有两个。这种观点，还有待进一步研究。

二、深邃的思想

《老子》熔哲理、诗情、玄言于一炉，文约而义丰，虑大而思精，蕴藏着大智慧。《老子》思想围绕“道”而展开。在老子论道之前，人们通常认为“帝”“天”乃是至高无上的主宰，人要信奉“帝”“天”之类的神，或神在人间的代言人（如王与巫），遵守神所定的准则。老子历览此前各代之成败得失，结合其人生经验，认识到神并不能保佑人，现实的道德规范也并不能作为人生活的准则，提出“道”才是天地万物的根本，是人的精神家园，是人所应遵行的生活准则。

老子所讲的“道”，原来的意思就是道路，但老子将其抽象化为永恒的道路、永恒的行事规则。平常所讲的道路、日常的行事规则都是可以说的，但“道”却不能用语言来表述，人也不能通过语言来了解和把握“道”。这个“道”虽然不能用语言表述出来，但它在天地万物没有产生之前就存在，并且是天地万物的总根源、总动力，天地万物的运行也以“道”为法则。因此，人可以从天地万物的运行中去领悟“道”，也可以在抛除一切私欲、杂念而达到心境的空明宁静中把握“道”。

老子把“道”看作是宇宙万物的根本，讲宇宙的起源，谈万物的根源，主要还是为了讲现实的人生和政治，就是让人要像天地万物的运行一样行事。如：天地是“无为”的，即没有刻意要做什么，人也应当无为，不要妄作；万物是没有思想和欲望的，人也应该舍弃思想，根除种种欲望，像婴儿一样无欲、无思、无智；江海之所以能纳百川，是因为江海处在低下的位置，人要有所成就，也要像江海一样处下、不争；等等。人们在日常生活中应当如此，政治、军事等方面也须这样。这也就是学者们通常讲的：老子哲学乃是从天道推及人道。

老子深察天道，而从天道推演人道的思想，无论是从当时还是现在的角度看，都是非常深邃的，可以说是中国思想史上的一场革命。它既打破了天神论传统，也超越了从具体事物寻求万物根源的思想，更超出了从人的日常行为规范确定生活和政治准则的理论。这种思想的表述虽然是朴素的，但因其高明、深刻而产生了深远的影响。

三、深远的影响

老子是道家学说的创始人，是中国文化史上第一位以理性的、清醒的态度看待自然世界和人类事务，并加以系统论证的哲人。春秋战国时期的其他思想家，大体都是沿着老子所开辟的道路而往不同的方向发展。可以说，以老子为代表的“道家之学，实为诸家之纲领”。法家、名家和阴阳家都是道家的支流余脉。孔子曾问礼于老子，他开创的儒家学派也受到了老子的影响。

战国中期以后，各家各派从本派的立场综合百家之学，都想提出一种可以一统思想的理论。在这种学术合流的趋势之下，道家思想显示出强大的优势。如：荀子以儒学为主，折中调和各家思想的时候，不得不将根基建立在道家的“道”上；《吕氏春秋》则是以道家为主的综合性著作。

在汉武帝“独尊儒术”之后，道家没有像墨家、名家等一样走上不归路。东汉时期王充等人深受道家思想的影响，批判社会现实，使道家学说再次显示出强大的生命力，从而为魏晋玄学的产生铺平了道路；严遵、河上公等对老子学说的阐发和东汉中期以后黄老道的流行，又为道教的产生创造了条件，老子便成为了中国土生土长的道教教主。

纵观中国文化的各个方面，以老子为代表的道家都有深远的影响。哲学领域，特别是在形而上学、认识论、方法论等方面，道家学说具有开创性；文学艺术领域，道家开辟了中国的审美之路；科学领域，道家特别是老子思想对中国科学技术的发展有巨大的推动作用；政治领域，老子的学说常被视为“君人南面之术”，为历代统治者所利用；宗教领域，不但在道家的基础上出现了道教，佛教在中国化过程中也大量吸收了道家的哲学思想。

老子的学说在现代又被重新发现，并被赋予了新的意义。一位获得过诺贝尔奖的科学家说：“早在两千多年前，老子就已经预见到了今天人类文明的状况，或者这样说也许更正确：老子当时就发现了一种形势，这种形势虽然表面上完全不同于人类今天所面临的形势，但事实上二者却是很相似的。可能正是这个原因，他才写下了《老子》这部奇特的书。不管怎么说，使人感到惊讶的总是，生活在科学文明发展以前某一时代，老子怎么会向近代开始的科学文化提出那样严厉的指控。”还有科学家和思想家认为，《老子》提供了最深刻并且最完善的生态智慧和人文精神。现代的科学家、思想家、政治家们对《老子》的赞誉或许有些过度，但确实如一位英国的科学史家所言："中国人性格中有许多最吸引人的因素都来源于道家思想。中国如果没有道家思想，就会像是一棵某些深根已经烂掉了的大树。"

《老子》有三种本子，即一般人习用的通行本、马王堆汉墓出土的帛书甲乙本和郭店楚墓出土的竹简本。通行本的分章有分八十一章、分七十二章和分六十八章三种情况。我们所选的《老子》原文取自通行本中的王弼注本，共分八十一章，其中有些文字参照其他版本校定。本书还将《庄子》中的若干片段列为扩展阅读，是因为其作者庄子是先秦道家的集大成者，他的思想也归本于老子。《庄子》中所选的片段是对《老子》一书某种观点的解释和阐发。读者通过两者的比较互证，能够更充分地理解老子和庄子的思想，也能够清楚地看到两者的不同，从而对整个道家思想有一个基本的了解。

本书中，作者对精选的《老子》原文作了分类，并加了小标题；在括号内注明了选文的出处，以方便阅读。谨此说明。

目　录

一　常道无名

道可道[①]，非常道[②]；名可名[③]，非常名[④]。

（一章）

【注释】

①道可道：前一个"道"是指道理，后一个"道"是指言说，作动词用。

②常道：浑然一体、永恒存在、运动不息的大道。

③名可名：前一个"名"是指具体事物之名，后一个"名"是称谓的意思，作动词用。

④常名：浑然一体、永恒存在、运动不息的道之名。

【译文】

可以用语言表述的道，就不是恒常之道；可以讲出来的名，就不是真常之名。

扩展阅读

少知曰[①]："四方之内，六合之里[②]，万物之所生恶起[③]？"

大公调曰："阴阳相照，相盖相治[④]；四时相代，相生相杀[⑤]。欲恶去就[⑥]，于是桥起[⑦]；雌雄片合[⑧]，于是庸有[⑨]。安危相易，祸福相生，缓急相摩[⑩]，聚散以成。此名实之可纪[⑪]，精微之可志也[⑫]。随序之相理，桥运之相使[⑬]，穷则反，终则始，此物之所有。言之所尽，知之所至，极物而已[⑭]。睹道之人，不随其所废[⑮]，不原其所起[⑯]，此议之所止。"

少知曰："季真之莫为[17]，接子之或使[18]，二家之议，孰正于其情，孰偏于其理？"

大公调曰："鸡鸣狗吠，是人之所知。虽有大知，不能以言读其所自化，又不能以意测其所将为[19]。斯而析之[20]，精至于无伦[21]，大至于不可围，或之使，莫之为，未免于物而终以为过[22]。或使则实，莫为则虚。有名有实，是物之居[23]；无名无实，在物之虚。可言可意，言而愈疏。未生不可忌[24]，已死不可徂[25]。死生非远也，理不可睹。或之使，莫之为，疑之所假[26]。吾观之本，其往无穷；吾求之末，其来无止。无穷无止，言之无也，与物同理。或使莫为，言之本也[27]，与物终使。道不可有，有不可无。道之为名，所假而行。或使莫为，在物一曲[28]，夫胡为明于大方[29]？言而足[30]，则终日言而尽道；言而不足，则终日言而尽物。道物之极，言默不足以载[31]；非言非默，议有所极。"

（《庄子·则阳》）

【注释】

①少知与下文的"大(tài)公调"都是庄子虚构的人物。前者意指知识浅薄，后者含有公正调和众物之意。

②六合：上下和四方，泛指天地或宇宙。

③恶(wū)：哪，何，疑问词。

④相盖：相害。盖，通"害"。

⑤相生：相孕育。　相杀：相消除。

⑥欲恶：爱好和厌恶。　去就：疏远和亲近。

⑦桥起：突然而起。

⑧片合：分开与交合。

⑨庸有：常有。

⑩摩：摩擦，交接。

⑪纪：记。

⑫志：记。

⑬桥运：桥起而运行。

⑭极:限。此句是说只限于人们所熟悉的事物而已。

⑮随:追逐。

⑯原:推究。

⑰季真:齐国的贤人。　莫为:季真的主张,认为万物都是自然产生,不是由于什么力量的作用。

⑱接子:齐国的贤人,可能是稷下学者之一。　或使:接子的主张,认为万物产生总是受什么力量在支配。

⑲意:推测。　所将为:将会怎样。

⑳斯:此。

㉑伦:伦比。

㉒未免于物:不免被外物所拘滞。针对"或使""莫为"两种态度而言,认为其各执一端,都不能合于道,而最终都不免过而不当。

㉓物之居:名和实相合就构成物的具体存在,下句"虚"的意思刚好相反。

㉔忌:禁止。

㉕徂(cú):阻碍。

㉖疑之所假:疑惑所立的假设。

㉗言之本:指言者以"莫为"或"或使"之说为本。

㉘一曲:一隅,一边。

㉙胡:何,疑问词。　大方:大道。

㉚足:圆满。

㉛言默:言谈与沉默。　载:称述,表达。

【译文】

少知说:"四方之内,六合之中,万物从哪里产生?"

大公调说:"阴阳相应,相消相长;四时更迭,相生相杀。欲望、憎恶、离弃、靠拢,于是万物突然而起;雌雄相分相合,于是万物常存。安危相互更易,祸福相互产生,缓急相互交替,聚散因此形成。这是有名实可以识别的,有精微可以记认的。随着时序的规律，桥起而运行的变化，物极则反，终而有始，这是万物所具有的现象。言论所能穷尽的，智慧所能达到的，限于物的范围罢了。见道的人，不追究万物的消逝之所，不探求万物的起源，这是议论的终止之处。”

少知说：“季真所说的‘莫为’，接子所讲的‘或使’，两家的观点，哪个符合万物生成的情状，哪个偏离了万物生成的道理？”

大公调说：“鸡鸣狗吠，这是人人都知道的事情。然而，即使有大智慧的人，并不能用语言来说明它们为什么会鸣、吠，也不能用心意去猜测它们鸣、吠之后将会做什么。由此分析起来，精微至于无比，广大至于无限，断言或有所使，肯定莫有所为，都不免是在物上立论，终究是有过而不当的。‘或使’的说法太拘泥，‘莫为’的观点则太玄虚。有名有实，是物的范围；无名无实，不属于物的范围。这可以言说，可以意会，但越说就越远。没有产生的不能禁止其生，已经死亡的无法阻止其死。万物的死生对人来讲并不是遥远之事，但其中的道理却并不可见。或有所使，莫有所为的主张，都是疑惑所立的假设。我观察万物的本源，它们的来源无穷；我寻求万物的迹象，它们的未来无尽。无穷无尽，语言无从表达，这和万物的生成是同一个道理。‘或使’与‘莫为’，是人们言论的依据，而与物相终始，不离于物。道不可执著于有，有也不执著于无。道这个名称，乃是权宜之称。‘或使’‘莫为’的主张，都局限于物的一隅，怎么能明白大道？言论如果足以明晓大道，那么终日所言都是道；言论如果不足以明晓大道，那么整天所讲的都是物而已。道是物的极至，言论和沉默都不足以表达；既不言说又不沉默，这是议论的极限。”

点评

在中国古代哲学家中，老子率先把“道”作为哲学上的范畴加以多方面的论述。老子所讲的“道”，大约有这样几层意思：宇宙的本体、支配万物或万物运动变化的规律、人类行为的准则。就“道”与语言的关系而言，语言不能传达“道”的真谛，“道”也不能用语言来说。既然“道”不可说，那么对不可说的东西就应保持沉默。老子深知沉默的重要和必要，再三地讲圣人“不言”“希言”，然而他并没有沉默。原因可能在于他还有一颗济世之心，希望人们体悟“道”、领会“道”，而信奉“道”；也可能如当代哲学家冯友兰讲的“人必须先说很多话然后保持静默”。那么，人又怎么去说不可说的东西呢？按照老子的策略，就是不用逻辑的语言去说，或者采用否定式的陈述。

二　善恶相生

天下皆知美之为美，斯恶已[1]；皆知善之为善，斯不善已。

（二章）

【注释】

①恶：丑。　已：通“矣”。

【译文】

天下都知道美之所以为美，就显露出丑了；都知道善之所以为善，就显露出不善了。

扩展阅读

马，蹄可以践霜雪，毛可以御风寒，龁草饮水[1]，翘足而陆[2]，此马之真性也。虽有义台路寝[3]，无所用之。及至伯乐，曰：“我善治马。”烧之，剔之，刻之，雒之[4]，连之以羁馽[5]，编之以皁栈[6]，马之死者十二三矣。饥之，渴之，驰之，骤之，整之，齐之，前有橛饰之患[7]，而后有鞭策之威[8]，而马死者已过半矣。陶者曰：“我善治埴[9]，圆者中规[10]，方者中矩。”匠者曰：“我善治木[11]，曲者中钩[12]，直者应绳[13]。”夫埴木之性，岂欲中规矩钩绳哉？然且世世称之曰“伯乐善治马，而陶匠善治埴木”，此亦治天下之过也。

（《庄子·马蹄》）

【注释】

①龁(hé):咬。

②翘(qiáo):扬起。　陆:跳。

③义台路寝:高台大殿。

④雒(luò):印烙。

⑤羁馽(zhí):羁,马络头;馽,绊马索。

⑥皁(zào)栈:槽枥。

⑦橛(jué):马口所衔之木。　饰:马络头上的装饰。

⑧鞭策:皮鞭竹策。

⑨埴(zhí):粘土。

⑩规:与下文的"矩"为校正圆形与方形的两种工具。

⑪治木:制作木器。

⑫钩:曲尺。

⑬应:合。　绳:墨线。

【译文】

马,蹄可以践霜踏雪,毛可以挡风御寒,吃草饮水,翘足跳跃,这是马的真性。虽然有高台大殿,对它并没有什么用处。等到伯乐出来,说:"我擅长治理马。"于是用铁烧它们,剪它们的毛,削它们的蹄,在它们身上刻印记,用马络头和绊马索把它们拴起来,编到马槽里,马就死掉十分之二三了;然后不让它们吃饱,不给它们喝足水,让它们为人所用,让它们奔跑,整治它们,让它们行动一致,先有口衔镳缨的祸患,然后有皮鞭竹策的威胁,马就死掉大半了。陶工说:"我善于利用粘土,做出来的东西圆的符合规,方的合乎矩。"木匠说:"我擅长削木头,制木器,使曲的合乎钩,直的合于绳。"粘土和树木的本性,难道是想合乎规矩钩绳吗?然而,人们世世代代都传颂说:"伯乐善于治理马,陶工木匠善于利用陶土和木材。"这也是治理天下的过错呀。

点 评

美丑、善恶之类的东西确实是相对而言的，没有美也就没有丑，没有善也就没有恶。人们将某种东西视为善的时候，潜在的就有一个衡量善恶的标准，然后拿这个标准去判断什么是善、什么是恶。这样一来，可能会带来双重的恶，或是将某种东西或行为贴上恶的标签，或是追求善行而带来恶。庄子讲的治马、治埴、治木的事情，很能说明追求善而导致恶的情况。

三　无为安民

圣人处无为之事[①],行不言之教[②]。万物作而弗始[③],生而弗有[④],为而弗恃[⑤],功成而弗居[⑥]。夫唯弗居,是以不去[⑦]。

（二章）

【注释】

①圣人:体任自然,拓展内在生命世界的道家理想人物。　无为:不妄为,顺其自然。

②不言:不发号施令。

③作:兴起。　弗:不。　始:干涉。

④有:占有。

⑤恃(shì):倚仗。

⑥居:当,据。

⑦去:离。与“居”相对。

【译文】

有道之人以“无为”的态度来处理事务,实行“不言”的教化。万物兴起而不干涉,生养万物而不据为己有,化育万物而不自恃己能,功成事就而不居其功。正因为不居其功,所以他的功绩不会泯没。

扩展阅读

鲁有兀者王骀[1],从之游者,与仲尼相若。常季问于仲尼曰[2]:“王骀,兀者也,从之游者,与夫子中分鲁[3]。立不教,坐不议,虚而往,实而归。固有不言之教,无形而心成者邪[4]? 是何人也?”

仲尼曰:“夫子,圣人也,丘也直后而未往耳[5]。丘将以为师,而况不若丘者乎! 奚假鲁国[6],丘将引天下而与从之。”

常季曰:“彼兀者也,而王先生[7],其与庸亦远矣[8]。若然者,其用心也独若之何[9]?”

仲尼曰:“死生亦大矣,而不得与之变,虽天地覆坠,亦将不与之遗[10]。审乎无假而不与物迁[11],命物之化而守其宗也[12]。”

常季曰:“何谓也?”

仲尼曰:“自其异者视之,肝胆楚越也[13];自其同者视之,万物皆一也。夫若然者,且不知耳目之所宜而游心乎德之和;物视其所一而不见其所丧[14],视丧其足犹遗土也。”

常季曰:“彼为己[15],以其知得其心[16],以其心得其常心[17]。物何为最之哉[18]?”

仲尼曰:“人莫鉴于流水[19],而鉴于止水,唯止能止众止。受命于地,唯松柏独也正,在冬夏青青;受命于天,唯尧舜独也正,在万物之首。幸能正生[20],以正众生。夫保始之征[21],不惧之实。勇士一人,雄入于九军[22]。将求名而能自要者[23],而犹若是,而况官天地[24],府万物,直寓六骸[25],象耳目[26],一知之所知[27],而心未尝死者乎! 彼且择日而登假[28],人则从是也。彼且何肯以物为事乎!”

(《庄子·德充符》)

【注释】

①兀(wù)者:受过刖(yuè)刑,只有一只脚的人。　王骀(tái):假托的人名。

②常季:鲁国贤人,传说为孔子弟子。

③中分鲁:在鲁国平分,意思是在鲁国彼此间差不多,不分上下。

④无形:不用形表。　心成:潜移默化。

⑤直:仅,只。　后:落在对方后面。

⑥奚假:何止。

⑦王(wàng):超过。

⑧庸:平常的人。

⑨若之何:如何,怎么样。

⑩不与之遗:不会随着天翻地覆的变化而消失。

⑪审:明悉,通晓。　假:凭依。

⑫命物之化:听任事物的变化。命,任。　宗:本,主旨。

⑬肝胆楚越:肝胆两种器官毗邻,楚越两国相去甚远。喻指邻近的肝胆同于一体之中,也像楚越那样相去甚远。

⑭一:同一。

⑮为己:修己。

⑯知(zhì):智慧。　心:具有分别作用的心。

⑰常心:真常之心,不起分别作用的心,领悟道的真谛。即忘知忘觉、无思无虑的心境。

⑱物:外物,这里指众多的门徒。　最:聚集。

⑲鉴:照看。远古没有镜子,人们对着盛有水的器皿照看,就像今天照镜子一样。

⑳正生:端正自己的品行。

㉑征:迹象。

㉒雄入:冲入。

㉓要:求取。

㉔官:与下句的"府"均作动词用。官,主宰。府,包藏。

㉕寓六骸:把自身的躯体当作寓所。寓,以……为寓所。六骸,身

首四肢。

㉖象:以……为表象。

㉗一知:自然赋予的智慧。

㉘彼且择日而登假:此句形容超尘绝俗的精神。且,将。登假,升于高远。

【译文】

鲁国有个断足的人名叫王骀,跟从他游学的人与跟从孔子求学的人相当。常季问仲尼说:"王骀是一个断足之人,而跟从他游学的人和跟从您游学的人各占鲁国的一半。他站着的时候不施教于人,坐着的时候也没有什么议论,跟他学的人空虚而来,充实而归。难道真有不用言语教导,无形之中达到潜移默化之功的吗?这是什么样的人呀?"

仲尼说:"这位先生是个得道的圣人,我也只是落在别人后面还没有去请教他。我都准备拜他为师,更何况不如我的人呢!何止是鲁国,我要引导天下的人都去跟他学。"

常季说:"他是一个断足的人,而胜过先生,那么他比普通人要高明多了。像这样的人,他怎么运用自己的心智呢?"

仲尼说:"死生也是极大的事了,都不能影响到他;即使天覆地坠,他也不会随之一同消陨。他通晓无所依凭的道理而不受外物变迁的影响,顺应万物的变化而执守事物的根本。"

常季说:"这是什么意思呢?"

仲尼说:"从万物相异的角度看,肝与胆毗邻却如远隔,像楚国和越国那样;从万物相同的角度看,万物都是一样的。如果明白这个道理,就不会去关心耳目适宜于何种声色,而只求心灵游放于德的和谐的境界;对事物只看到它们相同的一面而不看有什么丧失了,看自己断了足就像丢掉了一块泥土一般。"

常季说："王骀修身，以智慧去理解分别一切的心，再根据这个心返回到不起分别作用的恒常之心。人们又为什么跟从他呢？"

仲尼说："人们都不在流动的水面上观照自己，而在静止的水面上观照自己，只有静止的东西才能使他物静止。接受生命于地，只有松柏禀自然之正，无论冬夏都枝叶常青；接受生命于天，唯有尧舜独得性命之正，在万物之中为首。幸而他们能自正性命，才能引导众人各正性命。保全本始的征验，才能有勇者般无所畏惧之实。勇敢的武士，一个人敢于冲入千军万马之中。将士为了求名尚且能够如此，何况主宰天地，包藏万物，以六骸为寄生的寓所，以耳目为形迹，智慧能够烛照所知的境域，而心中未尝有死生变化的观念的人呢！这样有超尘绝俗精神的人，人们都乐意跟随他。他哪里肯以吸引众人为事呢！"

点评

"无为"是老子思想的核心观念之一。对这个问题，不同时代、不同的人有不同的解释。按照庄子的说法，无为就是顺应自然，就是什么也不做。像王骀这样的人，就是无为而行"不言之教"的典型。在汉代，人们把无为解释成君王无为而臣下有为，或者是"顺势而为"。在现代，无为或被理解成什么也不做，或被解释为遵循自然规律，或被理解成不妄为，或被解释为一种反常规的"为"。各种解释都有它的道理，也都很难说是符合老子的本意。折中来看，或许把无为解释成"不妄为"或顺应自然而动更能为人所接受。不妄为或顺应自然，就是要求人们不要有太多的欲求，不要勉强去做。在日常生活中，这种态度能让人保持一种平和的心态。

不尚贤[①],使民不争;不贵难得之货[②],使民不为盗;不见可欲[③],使民心不乱。

(三章)

【注释】

①贤:贤能之人。

②贵:珍视,以……为贵。

③见:同“现”,显耀。　可欲:贪欲之物。

【译文】

不崇尚贤能,使民众不争求功名;不珍视难得的财货,使民众不做盗贼;不显耀可求得的东西,使民众的心思不惑乱。

扩展阅读

夫小惑易方[①],大惑易性。何以知其然哉?有虞氏招仁义以挠天下也[②],天下莫不奔命于仁义,是非以仁义易其性与?故尝试论之,自三代以下者,天下莫不以物易其性矣。小人则以身殉利,士则以身殉名,大夫则以身殉家,圣人则以身殉天下。故此数子者,事业不同,名声异号,其于伤性以身为殉,一也。臧与谷[③],二人相与牧羊而俱亡其羊。问臧奚事,则挟策读书[④];问谷奚事,则博塞以游[⑤]。二人者,事业不同,其于亡羊均也。伯夷死名于首阳之下[⑥],盗跖死利于东陵之上[⑦]。二人者,所死不同,其于残生伤性均也。奚必伯夷之是而盗跖之非乎!天下尽殉也,彼其所殉仁义者,则俗谓之君子;其所殉货财也,则俗谓之小人。其殉一也,有君子焉,有小人焉。若其残生损性,则盗跖亦伯夷已,又何取君子小人于其间哉!

(《庄子·骈拇》)

【注释】

①易:改变。　方:四方,方位。

②有虞氏:虞舜。

③臧:古时北方的风俗,娶婢女的男仆叫"臧"。　谷:小孩。

④策:竹简。

⑤博塞:掷骰子。

⑥伯夷:商朝末年孤竹国君之子。与弟弟叔齐,在周武王灭商后,不愿吃周朝的粮食,一同饿死在首阳山(今山西永济市南)。后人称颂其忠于故国。　死名:为名而死。

⑦盗跖(zhí):古时民众起义的领袖,名跖,被贬称为"盗"。　东陵:山名,一说为泰山。　死利:为利而死。

【译文】

人有小的迷惑会错乱方位,有大的迷惑就会错乱本性。怎么知道是这样的呢?有虞氏标榜仁义来挠扰天下,天下没有人不奔命于仁义,这不是用仁义错乱本性吗?因此试作申论,自从三代之后,天下没有人不以外物错乱本性。小人则为利而死,士人则为名而牺牲,大夫则为家而死,圣人则为天下而牺牲。这几种人,所从事的事情不同,名声也各不相同,但是伤害本性而为某种目的牺牲自己,却是一样的。男仆和小孩一起去放羊,都把羊丢了。问男仆放羊的时候在做什么,他是手执竹简在读书;问小孩放羊的时候在做什么,他是在掷骰子玩游戏。这两个人,在放羊的时候做的事情不同,但同样都把羊弄丢了。伯夷为了名而死在首阳山下,盗跖为了利而死在东陵山上。这两个人,所为之而死的事情不一样,但同样都是残生伤性。何必肯定伯夷是对的而认为盗跖是错的呢!天下之人都在为某种目的而死,为仁义而死的人,世俗称之为君子;为财货而死的人,世俗则称之为小人。为某种目的而死是一样的，而有的则被称为君子，有的被视为小人。如果就他们都是残生损性来看，则盗跖也是伯夷，又何必从中分别出君子、小人来呢！

点评

从哲学层面上看，老子这段话讲的道理和善恶相生一样，只是更加贴近现实，可以看作是老子的政治论和生活观。人们常用金钱、地位和名声来衡量一个人是否成功。社会上的纷争、黑暗，人与人之间的勾心斗角、相互倾轧也都因这些东西而起。其实，人在争这些东西的时候，如庄子讲的，也都迷失了本性，丧失了人的价值。然而，如果没有这些东西，人的价值又何在呢？这也是身陷其中的人百思不得其解的问题。追求金钱的人如此，求名、求权的人也一样。不可否认，在权、名、钱之外，有更高的价值存在，正是这些价值的存在，才使人类社会的发展不至于太偏离人性的轨道。老子看到贤名、财货、权力等带来的现实问题，而庄子所讲的故事则让人思考人的价值。

四　持虚守静

道冲[①]，而用之或不盈[②]。渊兮[③]，似万物之宗；湛兮[④]，似或存。吾不知谁之子，象帝之先[⑤]。

（四章）

【注释】

①冲：空虚。

②盈：充实，盈满。

③渊：深邃。

④湛：深沉。

⑤象：好像。　帝：天帝。

【译文】

道体虚空，然而作用却没有穷尽。渊深啊，像是万物的宗主；幽隐啊，似无而又实存。我不知道它是从哪里产生的，似乎在有天帝之前就存在。

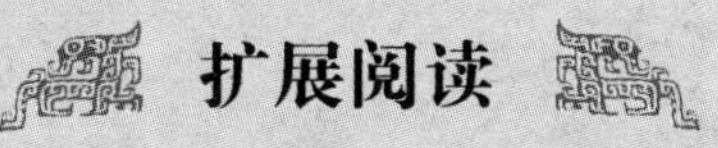

扩展阅读

夫道，渊乎其居也，漻乎其清也[①]。金石不得[②]，无以鸣。故金石有声，不考不鸣[③]。万物孰能定之！夫王德之人[④]，素逝而耻通于事[⑤]，立之本原而知通于神[6]。故其德广，其心之出，有物采之[7]。故形非道不生，生非德不明。存形穷生，立德明道，非王德者邪！荡荡乎！忽然出[8]，勃然动，而万物从之乎！此谓王德之人。视乎冥冥[9]，听乎无声。冥冥之中，独见晓焉[10]；无声之中，独闻和焉[11]。故深之又深而能物焉[12]，神之又神而能精焉[13]；故其与万物接也，至无而供其求[14]，时骋而要其宿[15]。

（《庄子·天地》）

【注释】

①漻(liáo)：清澈。

②金石：借指用"金""石"所制成的钟磬等乐器。

③考：敲击。

④王德：盛德。王，通"旺"。

⑤素：朴质。　逝：往。　耻通于事：以通晓琐细俗务为耻。

⑥本原：万物的根本和原始的真性。　知：通"智"。　神：变化不测的境界。

⑦出：应。　采：感。

⑧忽然：与下文"勃然"都是形容无心而行动的样子。

⑨冥冥：昏暗的样子。

⑩晓：光亮。

⑪和：和声。

⑫能物：能产生万物。

⑬能精：能生出精气。

⑭至无：道体虚无之极。

⑮要：约，容聚。

【译文】

道，渊深而幽隐，清澈而澄明。钟磬之类的乐器，不得道而无法有声音。所以，钟磬能发声，但不敲它也不会发声。万物的感应谁能确定它呢！那盛德的人，抱朴而行，不愿周旋于世俗的事务之间；立身于本原，而智慧通达于神妙不测的境界。因而他的德行广大，他的心思发动，也是由于外物的作用。因此，形体没有道就不会产生，生命没有德就不能彰明。保存形体，充实生命，立身于德而彰明于道，岂不就是盛德的人吗！浩大啊！忽然而出，勃然而动，万物都依从于他！这就是盛德的人。道，看它幽冥昏暗，听它没有声音。幽冥昏暗之中，却能看到光明；寂静无声之中，却能够听到和音。所以，道深远而又深远却能产生万物，玄妙又玄妙而能成精气；道和万物相接，道虚寂却能供应万物的需求，驰骋不已却能为万物的归宿。

点评

老子虽然认为道不能用语言来描述，但五千言中直接讲道的地方也有不少。老子在谈论道的时候，大都用的是形象化的、模糊的语言，如"似""象"之类；有时也用肯定的陈述，如"道生一，一生二，二生三，三生万物"，"道者，万物之奥"。不管用什么样的语言，有一点是可以肯定的，就是老子认为道是万物的根本，是创造者而不是被创造者，是"母"而不是"子"。道作为创造者，与此前所讲的"天""帝"以及某些宗教所讲的神与上帝之类不同，它不是人格神，更不是有意识地去创造。因此，万物虽然都由道而生，而道并没有创生万物，也可以说万物都是自然产生的。正是因为道的这种特性，所以得道的人也不去创造什么，也不有意去做什么。他对待万物，就像镜子一样，万物都在镜子里来来往往，而镜子却没有留下任何东西。庄子所谓"其心之出，有物采之"，也是这个意思。

天地不仁，以万物为刍狗[①]；圣人不仁，以百姓为刍狗。

（五章）

【注释】

①刍（chú）狗：用草扎成的狗，祭祀时用。

【译文】

天地无所偏私，把万物像刍狗一样对待，任凭其自然生长；圣人无所偏爱，把百姓像刍狗一样对待，任凭其自作自息。

扩展阅读

天根游于殷阳[①]，至蓼水之上[②]，适遭无名人而问焉[③]，曰："请问为天下[④]。"

无名人曰："去[⑤]！汝鄙人也，何问之不豫也[⑥]！予方将与造物者为人[⑦]，厌，则又乘夫莽眇之鸟[⑧]，以出六极之外，而游无何有之乡[⑨]，以处圹埌之野[⑩]。汝又何为以治天下感予之心为？"

又复问。

无名人曰："汝游心于淡，合气于漠[⑪]，顺物自然而无容私焉，而天下治矣。"

（《庄子·应帝王》）

【注释】

①天根：与"无名人"皆为虚拟人物。　殷阳：殷山之南。为庄子杜撰的地名。

②蓼(liǎo)水:虚拟水名。

③遭:逢,遇。

④为:治理。

⑤去:走开。有呵斥、不屑之意。

⑥豫:悦。

⑦为人:为偶,即为友之意。

⑧莽眇(miǎo)之鸟:莽眇,轻虚之状。喻以清虚之气为鸟而遨游。

⑨无何有之乡:什么都不存在的地方。

⑩圹埌(kuànglàng):与《逍遥游》中“广漠之野”的“广漠”同义,即广阔无边。

⑪游心于淡,合气于漠:“淡”与“漠”都是清静无为的意思。

【译文】

天根游于殷阳,到蓼水之上,恰巧碰到无名人,就问他说:“请问如何治理天下。”

无名人说:“走开!你这个鄙陋的人,为什么问这个让人不愉快的问题!我正要和造物者为友交游,满足了,就乘‘莽眇之鸟’,飞出天地四方之外,而游荡在无何有之乡,置身于广阔无边的旷野。你又为什么拿治理天下的话来扰乱我的心呢?”

天根又再问。

无名人说:“你游心于恬淡之境,清静无为,顺应万物的自然本性而不用私意,天下就能治理好了。”

点评

人们用草扎成狗的形状,祭祀的时候装饰得很漂亮,用完就扔掉,毫不爱惜。人们对待刍狗的这种态度,是一种没有偏私的态度。天地也是这样,没有偏私,对万物一视同仁。所谓“天行有常,不为尧存,不为桀亡”，对待任何人、任何事都像人对待祭祀用的刍狗一样。得“道”的人也应该像天地一样无私，治理天下的人也应该如此。如果真是这样的话，那么就像无名人讲的一样，没有什么治理天下的问题，更不需要讲什么“仁”。经常有统治者将仁爱之类挂在嘴边。不管是否真是仁爱，这种想法本身就说明，讲仁爱的统治者实质上是将天下看成是自己的天下，将百姓看成是自己的子民，但天下其实不是一人、一派、一集团的天下，而是天下人的天下。不过，行仁爱的人总比不行仁爱的人好，爱民如子的清官总比贪官强。如果统治者不能做到像天地一样无私，那么少一点私心总是好的。

多言数穷[①],不如守中[②]。

(五章)

【注释】

①多言:此处指政令繁多,与“不言”相对。 数:通“速”。 穷:败亡。

②守中:持守中虚。

【译文】

政令繁多反而加速败亡,还不如持守虚静。

扩展阅读

庄子行于山中,见大木,枝叶盛茂,伐木者止其旁而不取也。问其故,曰:“无所可用。”

庄子曰:“此木以不材得终其天年夫!”

出于山,舍于故人之家。故人喜,命竖子杀雁而烹之[①]。竖子请曰:“其一能鸣,其一不能鸣,请奚杀[②]?”主人曰:“杀不能鸣者。”

明日,弟子问于庄子曰:“昨日山中之木,以不材得终其天年;今日主人之雁,以不材死;先生将何处?”

庄子笑曰:“周将处乎材与不材之间。材与不材之间,似之而非也,故未免乎累。若夫乘道德而浮游则不然[③]。无誉无訾[④],一龙一蛇[⑤],与时俱化,而无肯专为;一上一下[⑥],以和为量,浮游乎万物之祖;物物而不物于物[⑦],则胡可得而累邪!此神农、黄帝之法则也。若夫万物之情,人伦之传[⑧],则不然。合则离,成则毁,廉则挫[⑨],尊则议[⑩],有为则亏,贤则谋,不肖则欺,胡可得而必乎哉[⑪]!悲夫!弟子志之[⑫],其唯道德之乡乎!”

(《庄子·山木》)

【注释】

①竖子：童仆。 雁：鹅。 烹：应为“享”。享，通“飨”，指用酒食招待人。

②奚：哪个。

③乘道德：顺应自然。

④訾(zǐ)：诋毁。

⑤一龙一蛇：时显时隐。龙，显，出。蛇，隐，处。

⑥一上一下：一进一退。

⑦物物：主宰他物。

⑧人伦之传：人类的习惯。传，传习。

⑨廉：此处指锋利。

⑩议：非议。

⑪必：肯定。

⑫志：记。

【译文】

庄子在山中行走，看见一棵大树，枝叶长得很茂盛，伐木的人停在树旁而不去砍伐。问他是什么缘故，他回答：“没有一点用处。”

庄子说：“这棵树因为不中用，所以能享尽自然的寿命吧！”

庄子从山中出来，到朋友家去留宿。朋友很高兴，叫童仆杀一只鹅宴请他。童仆说：“一只鹅会叫，另一只不会叫，请问杀哪一只？”主人说：“杀那只不会叫的。”

第二天，弟子问庄子说：“昨天山上的树木，因为‘不材’而享尽自然的寿命；现在主人的鹅，因为‘不材’而被杀，请问先生要怎样自处呢？”

庄子笑着说：“我将处于‘材’与‘不材’之间。‘材’和‘不材’之间，似乎是妥当的位置，其实不然，这样还是不能免于祸害。

如果顺应自然而浮游于人世间就不是这样了。既没有赞誉也没有毁辱，时现时隐如龙出蛇蛰，顺着时序的变化而变化，不偏执于任何一点；时进时退，以顺任自然为原则，游心于万物的本始之处，主宰外物而不被外物所役使，这样怎么会受到祸害呢！这是神农、黄帝的处世法则呀。至于万物的私情，人类的习惯，就不是这样了。聚合则使之分离，完成则被毁掉，棱角锐利则被挫伤，尊贵则受非议，有为则遭亏损，贤能则被谋算，不肖则受欺侮，怎么可以偏执于一方呢！可悲啊！弟子要记住，凡事只有顺应自然啊！”

点评

“多言”，表面的意思是多说话，实际的意思是指政令烦苛。政令烦苛，结局可想而知，秦代二世而亡，原因即在于此。对个体来说，多说话可能会招来非议和灾祸。但是，人生在世，可以装聋作哑，却也免不了要说话。多说话有问题，装聋作哑同样有问题。有才能会遭人嫉妒乃至被杀，没有才能也会受人欺侮；处于两者之间同样会觉得累。解决的办法，或许也只有顺应自然。

谷神不死[1]，是谓玄牝[2]。玄牝之门，是谓天地根。绵绵若存，用之不勤[3]。

（六章）

【注释】

①谷：虚空。　神：不测的变化。

②玄牝（pìn）：微妙的母性，指天地万物总生产的地方。

③勤：穷竭。

【译文】

虚空的变化永不停息，这就是微妙的母性。微妙的母性，是天地万物产生的根源。它微而不绝，好像永远存在，作用无穷无尽。

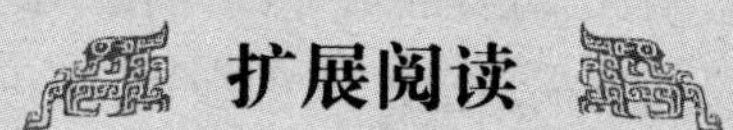

扩展阅读

孔子见老聃，老聃新沐，方将被发而干[1]。慹然似非人[2]。孔子便而待之[3]，少焉见，曰："丘也眩与，其信然与？向者先生形体掘若槁木[4]，似遗物离人而立于独也。"

老聃曰："吾游心于物之初。"

孔子曰："何谓邪？"

曰："心困焉而不能知，口辟焉而不能言[5]，尝为汝议乎其将[6]。至阴肃肃[7]，至阳赫赫[8]。肃肃出乎天，赫赫发乎地，两者交通成和而物生焉，或为之纪而莫见其形[9]。消息满虚[10]，一晦一明，日改月化，日有所为，而莫见其功。生有所乎萌[11]，死有所乎归[12]，始终相反乎无端而莫知乎其所穷[13]。非是也，且孰为之宗！"

孔子曰："请问游是[14]？"

老聃曰："夫得是，至美至乐也[15]，得至美而游乎至乐，谓之至人。"

孔子曰："愿闻其方。"

曰："草食之兽不疾易薮[16]，水生之虫不疾易水，行小变而不失其大常也，喜怒哀乐不入于胸次。夫天下也者，万物之所一也。得其所一而同焉，则四支百体将为尘垢[17]，而死生终始将为昼夜而莫之能滑，而况得丧祸福之所介乎[18]！弃隶者若弃泥土[19]，知身贵于隶也，贵在于我而不失于变。且万化而未始有极也，夫孰足以患心！已为道者解乎此。"

孔子曰："夫子德配天地，而犹假至言以修心，古之君子，孰能脱焉？"

老聃曰："不然。夫水之于汋也[20]，无为而才自然矣。至人之于德也，不修而物不能离焉，若天之自高，地之自厚，日月之自明，夫何修焉！"

孔子出，以告颜回："丘之于道也，其犹醯鸡与[21]！微夫子之发吾覆也，吾不知天地之大全也。"

(《庄子·田子方》)

【注释】

①被：同"披"。

②慹(zhé)然：形容不动的样子。

③便：屏蔽。

④掘若槁(gǎo)木："掘"，是"兀"的借字，形容直立不动的样子。槁，干枯。

⑤辟：闭，合。

⑥将：大略。

⑦肃肃：阴冷的样子。

⑧赫赫：炎热的样子。

⑨纪：纲纪。

⑩消息满虚：消逝、生长、满盈、虚空。

⑪所乎萌：所萌发的地方。

⑫所乎归：归向的地方。

⑬相反:相互循环。反,通"返"。
⑭是:此,指代"物之初"的境界。
⑮至美至乐:老庄的观点认为,不存在美与不美、乐与不乐之别,是真正的最美、最乐。
⑯不疾易薮(sǒu):不怕变换草泽。
⑰四支:即四肢。
⑱介:分际。
⑲隶:仆隶,指身份的得丧。
⑳汋(yuè):水涌流。
㉑醯(xī)鸡:酒瓮里的小飞虫"蠛蠓"。

【译文】

孔子去见老聃,老聃刚洗完头,正披散着头发等待晾干,凝定而立好像是木头人。孔子屏隐于门下等待他。过了一会儿见了面,说:"我的眼睛是花了呢,还是真的呢?刚才先生形体直立不动有如枯木,好像超然物外而立于大'道'之中。"

老聃说:"我游心于万物的本始。"

孔子说:"这是什么意思呢?"

老聃说:"心困而不能知晓,口合而不能言说,试着为你讲个大概的情形。至阴严寒,至阳炎热,严寒出于天,炎热出于地,两者相互交融而万物化生,也许是万物的规律而看不到它的形象。死生盛衰,时隐时显,日迁月移,无时不在起作用,然而却看不到它的功绩。生有所由起,死有所归趋,始终循环无端而不知道它的穷尽。如果不是这样,又有什么是它的根本呢!"

孔子说:"请问游心于此的情形?"

老聃说:"达到这样的境界,是至美至乐,得到至美而游心于至乐,称为至人。"

孔子说:"希望听听如何才能达到这样的境界。"

老聃说："吃草的动物不怕变换草泽，水生的虫儿不怕变换水塘，只作小的变化而没有失去其根本的需要，喜怒哀乐之情就不会侵入胸中。天下万物都有一致之处。了解它们的一致之处而同等地看待万物，那么四肢百骸如同尘垢，而死生终始的变化如同昼夜的循环，没有什么能扰乱其心，何况是得失祸福的分别呢！舍弃得失祸福如同丢掉泥土一样，是因为知道自身比得失祸福更可贵，知道可贵在于我自身就不会在得失祸福的变化中丧失自我。而且事物千变万化没有穷尽，有什么足以困扰于心的呢！得道之人明白这个道理。"

孔子说："先生德配天地，还用最高明的道理来修心，古代的君子，谁能脱离最高明的道理而不修心呢？"

老聃说："不是这样。水自然涌流，不是有意去做，自然而然。至人养德，不修而德不能离，就像天自然高，地自然厚，日月自然明，又何必修呢！"

孔子出去，告诉颜回："我对于大道的了解，岂不像酒瓮中的小飞虫么！如果不是先生启发我的蒙蔽，我真不知道天地的大全呀。"

点评

老子认为道的本体是空虚的，而其作用则是无穷无尽的。唯其空虚而不是一个实体，才可能自身没有穷尽，作用不受限制。对于个体来说也是这样，只有忘记了自己的生命、自己的躯壳，才可能不受得失祸福的影响，得到纯粹的快乐。这样的生存境界，从理论上说是十分高明的。然而，世俗的人也应当有世俗的快乐，这是人之常情。就此而言，"喜怒哀乐不入于胸次"的境界，或许也只能是一种理想。

五　无私不争

圣人后其身而身先[①]，外其身而身存[②]。非以其无私邪[③]？故能成其私。

（七章）

【注释】

①后其身：把自己放在后面。

②外其身：把自身置之度外。

③邪(yé)：同“耶”，疑问词。

【译文】

圣人先人后己，反而能得到人们的拥戴；将自己置之度外，反而能保全生命。这不正是因为他无私吗？因而能成就自身。

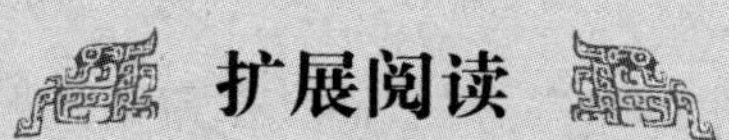

扩展阅读

尧乎观华。华封人曰[①]：“嘻，圣人，请祝圣人。”

“使圣人寿。”尧曰：“辞。”“使圣人富。”尧曰：“辞。”“使圣人多男子。”尧曰：“辞。”

封人曰：“寿、富、多男子，人之所欲也，女独不欲，何邪？”

尧曰：“多男子则多惧，富则多事，寿则多辱。是三者，非所以养德也，故辞。”

封人曰：“始也我以女为圣人邪，今然则君子也。天生万民，必授之职，多男子而授之职，则何惧之有？富而使人分之，则何事之有？夫圣人，鹑居而彀食[②]，鸟行而无彰，天下有道，则与物皆昌；天下无道，则修德就闲；千岁厌世，去而上仙，乘彼白云，至于帝乡[③]，三患莫至[④]，身常无殃，则何辱之有？”

封人去之。尧随之，曰：“请问？”

封人曰：“退已！”

（《庄子·天地》）

【注释】

①封人：守边疆的人。

②鹑（chún）居而彀（kòu）食：鹑居，居无常处。彀，须母鸟哺食的雏鸟。形容无心于食。

③帝乡：天地之乡。

④三患：老、病、死。

【译文】

尧到华地观光。华地守疆人说：“啊，圣人，请接受我的祝福。”“祝圣人长寿。”尧说：“不要。”“祝圣人富有。”尧说：“不要。”“祝圣人多男孩。”尧说：“不要。”

守疆人说：“长寿、富有、多男孩，这是人们都想得到的，你独不想要，为什么呀？”

尧说：“多男孩便多恐惧，富有便多事，长寿则多辱。这三种东西，都不是培养德性的，所以不想要。”

守疆人说：“起初我以为你是圣人，现在看来竟是个君子。天生万民，必定会授予其职事，多男孩而授予其职事，还会有什么恐惧？富有而使人分享，还会有什么烦事？圣人居无常处，随遇而安，无心于食，如鸟飞行于天空而没有踪迹，天下有道，便同万物一起昌盛；天下无道，就修德闲居；高龄时厌足于世，便离开人间，乘着那白云，到天地之乡，老、病、死三种祸患不来，灾殃不见，还有什么困辱？”

守疆人离去。尧跟随着他，说：“请问应怎样做？”

守疆人说：“回去吧！”

点评

老子十分强调谦让、不争和无私，认为只有这样，才可能有所成就。这种成就，并不是自己有心去追求，而是自然得来的。当一个人不是为了自己而是为他人的时候，他人也会给他应得的回报。而一个为他人的人，即使拥有那些看来能带来灾祸的东西，也不会有灾祸。就像华封人讲的，你有财富，就分给别人好了，怎么会给你带来灾难呢？要是不分给别人，或许真的会有灾难，而灾难降临，也不会有人来帮助你。究其实，历史上真正有大成就的人，大都是无私的人，像老子、孔子、释迦牟尼、耶稣等大思想家和宗教家们，就是将自己的智慧无私地分给别人才得到人们的拥戴；像尧、舜这样的帝王，之所以被千古传颂，就是没有将天下看成自己的天下，而是无私地将其位传给他人。私心太重的人，或许一时能得到权力或金钱，但是难以长久。

上善若水[①]。水善利万物而不争，处众人之所恶[②]，故几于道[③]。

（八章）

【注释】

①上善：至善。

②所恶(wù)：厌恶的地方。指低洼之处。

③几：近。

【译文】

上善之人如水一样。水善于滋养万物而不与万物相争，停留在人们所厌恶的地方，所以接近于“道”。

扩展阅读

闉跂支离无脤说卫灵公[①]，灵公悦之，而视全人，其脰肩肩[②]。瓮㼜大瘿说齐桓公[③]，桓公悦之，而视全人，其脰肩肩。

故德有所长，而形有所忘。人不忘其所忘，而忘其所不忘[④]，此谓诚忘。

故圣人有所游，而知为孽[⑤]，约为胶[⑥]，德为接[⑦]，工为商[⑧]。圣人不谋，何用知？不斲[⑨]，何用胶？无丧，何用德？不货，何用商？四者，天鬻也[⑩]。天鬻者，天食也。既受食于天，又恶用于人！有人之形，无人之情。有人之形，故群于人；无人之情，故是非不得于身。眇乎小哉[⑪]，所以属于人也！謷乎大哉[⑫]，独成其天！

（《庄子·德充符》）

【注释】

①闉(yīn)跂(qǐ)支离无唇:虚拟人物。跛足、驼背、无唇,形容身残貌丑。 说(shuì):游说。

②其脰(dòu)肩肩:脰,颈项。肩肩,形容细小的样子。

③瓮(wèng)盎(àng)大瘿(yǐng):形容颈部肿瘤大如盆。

④所不忘:所不应遗忘的,指道德。

⑤知为孽:智巧为灾孽。

⑥约为胶:约束为胶漆。

⑦德为接:以小惠施人为交接的手段。

⑧工为商:工巧是算计的行为。

⑨斫(zhuó):斧砍。

⑩天鬻(yù):受自然养育。天,自然。鬻,抚养。

⑪眇(miǎo):渺小。

⑫謷(áo):形容高大。

【译文】

有个跛足、驼背、无唇的人去游说卫灵公,卫灵公很喜欢他,而看到形体完整无缺的人,反倒觉得他们的脖子太细小了。有个脖子上长了盆大的肿瘤的人去游说齐桓公,齐桓公很喜欢他,看到形体完整无缺的人,反而觉得他们的脖子太细小了。

所以,德性有过人之处,形躯上的残缺就会被人遗忘。人们如果不忘记所应当遗忘的形躯,而忘记不应当遗忘的德性,才是真正的遗忘。

所以,圣人悠游自适,而智巧是灾孽,约束是胶漆,施小惠于人是交接的手段,工巧是商贾的行径。圣人不谋虑,哪里还用智巧?顺应自然不砍削,哪里还用胶漆?浑然无缺,哪里还用德行?不求利,哪里还用算计?这四者就是“天鬻”,“天鬻”就是受自然的养育。受自然的养育,又哪里还用人为!有人的形貌,而没有人的情感。有人的形貌，所以与人同群；没有人的情感，所以没有一般人的是非。渺小啊，那与人同类的形貌！伟大啊，能与自然同体！

点评

有人说，水是万物的本源，万物的生存离不开水。老子以水来譬喻道的特性，也就是讲万物不能离开道。水能滋养万物，又柔弱而不争，还经常处在低洼的地方，这都是道所具有的特点。水柔弱不争，而天下万物又没有什么东西能与之相争，滔天的洪水不说，就是屋檐下不断滴落的水滴也能穿透坚硬的石头。水处在低洼的地方，也就是人所不愿处的低下之处，然而就是这样的地方才能把所有的东西汇集起来。这种情况，也可以理解为“德有所长，而形有所忘”。就水而言，人们不能因为它经常处在低洼之处而忘记它对万物的滋养；就人而言，也不能因为其相貌的丑陋而忘掉他高明的人生境界。

居善地[①]，心善渊[②]，与善仁[③]，言善信，政善治，事善能，动善时。夫唯不争，故无尤[④]。

（八章）

【注释】

①善地：善于选择地方。此处指低洼之地。

②渊：沉静。

③与：结交，相处。

④尤：怨咎。

【译文】

居于低洼之地，心灵善于保持沉静，待人善于兼爱无私，说话善于保持真实，为政善于精简处理，处事善于发挥所长，行动善于把握时机。只因为有不争的美德，所以没有怨咎。

扩展阅读

昔者尧、舜让而帝[①]，之、哙让而绝[②]；汤、武争而王，白公争而灭[③]。由此观之，争让之礼，尧、桀之行，贵贱有时，未可以为常也。梁丽可以冲城[④]，而不可以窒穴[⑤]，言殊器也；骐骥骅骝[⑥]，一日而驰千里，捕鼠不如狸狌[⑦]，言殊技也；鸱夜撮蚤[⑧]，察毫末，昼出瞋目而不见丘山[⑨]，言殊性也。故曰，盖师是而无非[⑩]，师治而无乱乎？是未明天地之理，万物之情者也。是犹师天而无地，师阴而无阳，其不可行明矣。然且语而不舍，非愚则诬也。帝王殊禅，三代殊继。差其时[⑪]，逆其俗者，谓之篡夫；当其时，顺其俗者，谓之义之徒。

（《庄子·秋水》）

【注释】

①让:禅让。　帝:称帝。

②之:子之,燕相。　哙(kuài):燕王。燕王哙仿效古代做法禅位于子之,引发国乱,齐国趁乱攻入,杀死哙与子之。

③白公:名胜,楚平王之孙,起兵争夺王位而被杀。

④梁丽:屋栋。

⑤窒(zhì):堵塞。

⑥骐骥骅骝(qíjìhuáliú):都是骏马。

⑦狸:野猫。　狌(shēng):黄鼠狼。

⑧鸱(chī):猫头鹰。　撮:抓取。

⑨瞋(chēn)目:瞪大眼睛。

⑩盖:通"盍(hé)",何不。

⑪差其时:不合时宜。

【译文】

从前尧、舜因禅让而成为帝王,燕王哙和燕相子之却因禅让而灭亡;商汤和周武因争夺而成为帝王,楚国白公胜因争夺而灭亡。由此看来,争夺和禅让的体制,尧和桀的行为,哪一种可贵、哪一种可贱是有时间性的,不可以视为恒常不变的道理。栋梁之木可以用来冲击城池,但不能用来塞小洞,这是说器用的不同;骐骥骅骝等好马,一天能跑一千里,但捕鼠还不如猫和黄鼠狼,这是说技能有所不同;猫头鹰夜里能抓跳蚤,明察秋毫,但白天瞪大了眼睛也看不见大山,这是说本性的不同。常常有人说,为什么不取法对的而抛弃错的,不取法治理好的而舍弃混乱的呢?这是没有明白天地的理数和万物的实情的说法。这就好比只取法天而不取法地,只取法阴而不取法阳,很明显是行不通的。然而人们还是不停地讲这种话,那不是愚蠢就是故意瞎说。帝王的禅让彼此不同,三代的承继各有差别。不符合时代，违逆世俗的，就被称为篡夺者；符合时代，顺应世俗的，就被称为高义之人。

点 评

事情都有时、地、势之分，同样一件事、同一种做法，在不同的时代、不同的环境中，结果可能大不相同，所以就有“事善能，动善时”的问题。事物的特性和功能也各不相同，骐骥骅骝是好马，一天能跑一千多里，但要去捉老鼠的话，肯定比不上猫和黄鼠狼。因此就有如何让万物都发挥其所长的问题。言论，有真、假和空的区别；施与，也有仁与不仁的区别；心灵，有渊静还是躁动的分别；居所也有合适不合适的区别。就此而言，所谓永远正确、放之四海而皆准的道理是没有的。即使是老子讲的“不争”，就其现实性来看，有时也是相对的。如果一个人没有争心，也就不会有忧愁；但在没有忧愁的同时，也会丧失掉许多东西。

持而盈之，不如其已[①]。揣而锐之[②]，不可长保。金玉满堂，莫之能守。富贵而骄，自遗其咎[③]。功遂身退[④]，天之道。

（九章）

【注释】

①已：停止。

②揣：捶击。　锐：使……尖锐。

③咎：灾祸。

④遂：成功，实现。

【译文】

执持盈满，不如休止。显露锋芒，不能保持长久。金玉满堂，无法守藏。富贵而骄，自取祸患。功成身退，是合于自然的道理。

扩展阅读

吴王浮于江，登乎狙之山[①]。众狙见之，恂然弃而走[②]，逃于深蓁[③]。有一狙焉，委蛇攫抓[④]，见巧乎王。王射之，敏给搏捷矢[⑤]。王命相者趋射之[⑥]，狙执死[⑦]。王谓其友颜不疑曰："之狙也，伐其巧，恃其便以敖予[⑧]，以至其极也。戒之哉！嗟乎，无以汝色骄人哉！"颜不疑归而师董梧[⑨]，以锄其色[⑩]。去乐辞显[⑪]，三年而国人称之。

（《庄子·徐无鬼》）

【注释】

①狙(jū)：猕猴。

②恂(xún)然:惊惧的样子。

③蓁(zhēn):荆棘。

④委蛇(wēiyí)攫(jué)抓:跳来跳去攀执树枝之意。

⑤敏给:敏捷。　搏捷:搏,接。捷,通“接”。

⑥相者:王之左右。相,助。

⑦执:或作即。

⑧便:便捷。　敖:通“傲”。

⑨董梧:吴国贤人。

⑩锄:去除。

⑪去乐辞显:摒弃淫乐,辞退显荣。

【译文】

吴王泛舟于长江,登上猕猴山。众猕猴见到他,都惊慌地跑开,逃到荆棘深丛中藏起来。有一只猕猴,在树枝上来回跳跃,向吴王显示它的灵巧。吴王射它,它就敏捷地接住箭。吴王命令左右上前来射,猕猴遂被射死。吴王对他的朋友颜不疑说:“这只猕猴,夸耀它的灵巧,自恃它的敏捷以傲视我,以至于丧了命。要引以为戒呀!唉,不要以意态骄人啊!”颜不疑回去之后便拜董梧为师,以去除他的骄态。颜不疑舍弃淫乐,辞去显荣,三年之后吴国的人都称颂他。

点　评

人们常说“满招损,谦受益”,还说“木秀于林,风必摧之”,都是让人不要自满,不要露才扬己。骄傲自满的人,往往会失败。如曹操兵败赤壁,一方面因为诸葛亮、周瑜计谋过人,另一方面他自己自视太高;李自成没几天便丢了北京,也是自满所致。至于露才扬己,结局也很糟糕。猴子自以为有才能,要在吴王面前露一手,结果是中箭而死。有财富的人要是夸耀财富，也不会长久。李白诗云：“功名富贵若常在，汉水亦应西北流。”这是人世间的常理。如果不想自取其咎，那么就要不以富贵骄人，不以才能骄人，而且在功成业就之后，还要激流勇退或韬光养晦。

六 洗心去欲

载营魄抱一[1]，能无离乎？

（十章）

【注释】

①载营魄：护持灵魂。载，加持。营魄，魂魄。 抱一：合一。

【译文】

精神与形体合一，能不相离吗？

扩展阅读

仲尼适楚，出于林中[1]，见痀偻者承蜩[2]，犹掇之也[3]。

仲尼曰："子巧乎！有道邪？"

曰："我有道也。五六月累丸二而不坠，则失者锱铢[4]；累三而不坠，则失者十一；累五而不坠，犹掇之也。吾处身也，若橛株枸[5]；吾执臂也，若槁木之枝。虽天地之大，万物之多，而唯蜩翼之知。吾不反不侧[6]，不以万物易蜩之翼，何为而不得！"

孔子顾谓弟子曰："用志不分，乃凝于神，其痀偻丈人之谓乎[7]！"

（《庄子·达生》）

【注释】

①出:经过。

②痀偻(jūlóu):驼背。 承蜩(tiáo):用竿粘蝉。

③掇(duō):拾取。

④锱铢(zīzhū):古代重量单位,六铢为一锱,四锱为一两。此喻极少。

⑤橛(jué)株枸(jū):竖着的木桩,形容身心的凝定不动。

⑥不反不侧:指身心都不变化。反、侧均指活动。

⑦丈人:对老人的尊称。

【译文】

孔子到楚国去,经过一片树林,看到一个驼背的人在用竿粘蝉,就像从地上拾取一样容易。

孔子说:"你真灵巧啊!有门道吗?"

驼背人说:"我有门道。经过五六个月的练习,在竿头上累叠两个弹丸而不掉下来,粘蝉的时候失手就很少;累叠三个弹丸而不掉下来,失手概率只有十分之一;累五个弹丸而不掉下来,就像在地上捡拾一样了。我安处身心,就像竖着的木桩一样凝然不动;我用臂执竿,就像枯槁的树枝一样。虽然天地很大,万物众多,而我只知道蝉翼。我心无二念,不肯以万物来换蝉翼,怎么会得不到呢!"

孔子回过头来对他的弟子说:"用志不分散,精神凝聚专一,不就是说这位驼背老人的么!"

点评

"营魄",即魂魄。近精神者为魂,近物质者为魄,所以可以理解为精神与形体。"营魄"的营字,有不安的意思,"营魄"也可以理解为不安的魂魄。“抱一”，可以理解为合一。而《老子》中的“一”字，又多指“道”言，如二十章讲“圣人抱一以为天下式”，所以“抱一”可以理解为抱道。《老子》文辞简古，而含义又很丰富，翻译只能取一种，而理解可以有多层。“营魄抱一”，不管是理解为精神与形体合一，还是理解为魂魄守道勿失，其核心都是要精神的集中与宁静，不受外物的干扰和影响。精神或精力集中，不受外物的影响，就能达到神妙难测的境界，至少也能对事物有新的、深的领会。牛顿从苹果的下落中能得出万有引力定理，而别人没有发现，原因之一就是他一直集中精神思考这个问题，而一旦受到外界的触动和启发，就能有所顿悟。

涤除玄鉴[①],能无疵乎[②]?

（十章）

【注释】

①玄鉴:内心之镜,喻心灵深处明澈如镜。鉴,镜。

②疵(cī):瑕疵。

【译文】

洗尽各种杂念而保持心的清明,能够没有瑕疵吗?

扩展阅读

梓庆削木为鐻[①],鐻成,见者惊犹鬼神[②]。鲁侯见而问曰:“子何术以为焉?”

对曰:“臣工人,何术之有!虽然,有一焉。臣将为鐻,未尝敢以耗气也,必齐以静心[③]。齐三日,而不敢怀庆赏爵禄;齐五日,不敢怀非誉巧拙;齐七日,辄然忘吾有四枝形体也[④]。当是时也,无公朝[⑤],其巧专而外滑消[⑥]。然后入山林,观天性[⑦];形躯至矣[⑧],然后成见鐻[⑨],然后加手焉;不然则已。则以天合天[⑩],器之所以疑神者,其由是与!”

（《庄子·达生》）

【注释】

①鐻(jù):一种乐器,像钟。

②犹鬼神:好像是鬼神做的。

③齐:通作“斋”。下同。

④辄然:一说或然,不动的样子。　四枝:四肢。

⑤无公朝:不知道有朝廷。

⑥滑:乱。

⑦观天性:此处指考察木的质地。

⑧形躯至矣:木的形态恰可以做鐻。

⑨见:通“现”。

⑩以天合天:用我的自然来合树木的自然。

【译文】

梓庆削木做鐻,鐻做成之后,看到的人都惊叹是鬼斧神工。鲁侯见了就问:“你是用什么技术做成的呢?”

梓庆回答:“我是个工匠,哪有什么技术!不过,有一点我是做到的。我要做鐻的时候,不敢耗费精神,必定斋戒静心。斋戒三天,就不敢怀有庆赏爵禄的念头;斋戒五天,就不敢怀有毁誉巧拙的心念;斋戒七天,就忘了我还有四肢形体。在这个时候,不知道还有朝廷,技巧专一而外在的纷扰都消失了。然后进入山林之中,观察树木的质性;看到形态恰好可以做鐻的,一个宛然已成的鐻就呈现在眼前,然后就动手做;不是这样就不做。以我的自然合树木的自然,乐器之所以被视为神工,就是由于这个原因吧!”

点评

人心本来如明镜,或者说像一张白纸,但这种境界并不能够经常保持,所以要勤加修治,时时清洗,使之没有瑕疵。没有瑕疵的心,就能自然映照万物,任天地万物自由往来、出入,也可以说是自己的天性与万物的天性冥合为一。梓庆做鐻,可以说是对这种境界的艺术的、最佳的诠释。梓庆在斋戒七日之后,已经忘记了一切外在的东西,心灵没有任何瑕疵,成为万物自由往来的场所,自己的天性也能与万物的天性合而为一，所以不必用心，也无心可用，就能做出让人叹为观止的镓来。中国古代的艺术创作，追求的就是这种境界，而且认为只有这种高超莹洁的心灵境界才能创作出飘逸绝尘、生机无限的艺术品来。

明白四达，能无知乎[①]？

（十章）

【注释】

①知：心智。

【译文】

通晓四方，能不用心智吗？

扩展阅读

子贡南游于楚，反于晋[①]，过汉阴，见一丈人方将为圃畦[②]，凿隧而入井，抱瓮而出灌，搰搰然用力甚多而见功寡[③]。子贡曰："有械于此，一日浸百畦，用力甚寡而见功多，夫子不欲乎？"

为圃者仰而视之曰："奈何？"曰："凿木为机，后重前轻，挈水若抽，数如泆汤[④]，其名为槔[⑤]。"为圃者忿然作色而笑曰："吾闻之吾师，有机械者必有机事[⑥]，有机事者必有机心[⑦]。机心存于胸中，则纯白不备[⑧]；纯白不备，则神生不定；神生不定者，道之所不载也。吾非不知，羞而不为也。"

子贡瞒然惭[⑨]，俯而不对。

有间，为圃者曰："子奚为者邪？"

曰："孔丘之徒也。"

为圃者曰："子非夫博学以拟圣，於于以盖众[⑩]，独弦哀歌以买名声于天下者乎？汝方将妄汝形气，堕汝形骸，而庶几乎[⑪]！汝身之不能治，而何暇治天下乎？子往矣，无乏吾事[⑫]！"

子贡卑陬失色[⑬]，顼顼然不自得[⑭]，行三十里而后愈。

其弟子曰："向之人何为者邪？夫子何故见之变容失色，终日不自反邪[15]？"

曰："始吾以夫子为天下一人耳，不知复有夫人也[16]。吾闻之夫子，事求可，功求成。用力少，见功多者，圣人之道。今徒不然。执道者德全，德全者形全，形全者神全。神全者，圣人之道也。托生于民并行而不知其所之[17]，汒乎淳备哉[18]！功利机巧必忘夫人之心。若夫人者，非其志不之，非其心不为。虽以天下誉之，得其所谓，警然不顾；以天下非之，失其所谓，傥然不受[19]。天下之非誉，无益损焉，是谓全德之人哉！我之谓风波之民[20]。"

反于鲁，以告孔子。孔子曰："彼假修浑沌氏之术者也[21]，识其一，不知其二[22]；治其内，而不治其外。夫明白太素，无为复朴，体性抱神，以游世俗之间者，汝将固惊邪[23]？且浑沌氏之术，予与汝何足以识之哉！"

（《庄子·天地》）

【注释】

①反：通"返"。

②丈人：古代对老年男子的通称。　圃畦(qí)：菜园子。

③搰(hú)搰然：灌水声。

④数如溢汤：疾速如汤沸溢。　数：通"速"。

⑤槔(gāo)：即桔(jié)槔，一种原始的提水工具。

⑥机事：机巧一类的事。

⑦机心：机巧、机变的心思。

⑧纯白：未受世俗沾染的纯静空明的心境。

⑨瞒然：羞惭的样子。

⑩於(wū)于：亦作"唹吁"，夸诞的样子。

⑪庶几：或许可以，表推测。

⑫乏:荒废,耽误。

⑬卑陬(zōu):惭愧的样子。

⑭顼(xū)顼然:怅然若失的样子。

⑮反:复。这里指恢复平时的心境。

⑯夫人:那个人,指种菜的老人。

⑰托生:寄托形骸于世。 所之:去到哪里。

⑱汒(máng)乎:茫然。汒,同“茫”。 淳备:淳和完备,这里指操行和德行朴实而又保持本真。

⑲傥(tǎng)然:无动于衷的样子。

⑳风波:随风而起,随波而逐。喻指心神不定,为世俗尘垢所牵动。

㉑假修:借以修养。 浑沌氏:虚拟人名,指主张浑沌无别的人。

㉒识其一,不知其二:所守纯一,言心不分。

㉓固:胡,何。

【译文】

子贡南游于楚国,返回晋国,经过汉阴的时候,看到一个老者在菜园子里,挖地道至井中,抱着瓮取水浇灌,费力很多而收效少。子贡说:“有这样一种机械,一天能灌溉百亩稻田,费力少而收效多,先生不想用吗?”

浇园人仰头看着他说:“怎么样?”子贡说:“凿木头为机械,后头重前头轻,提水就像抽引,快速如同沸汤涌溢,它的名称叫槔。”浇园人面起怒色而笑着说:“我听我的老师说过,有机械必定有机事,有机事必定有机心。机心存在于胸中,那么纯洁空明就不能完备;纯洁空明不完备,那么心神就不会安定;心神不安定的人,就不能载道。我不是不知道你说的机械,以用之为羞而不用罢了。”

子贡羞愧满面,低头不答话。

过了一会儿，浇园人说：“你是做什么的呀？”

子贡说：“我是孔丘的徒弟。”

浇园人说：“你不就是博学以模仿圣人，随和世俗以超群出众，独自抚琴悲歌以换取名声于天下的人吗？你要是忘掉你的神气，不执著于你的形骸，而后还有可能接近道吧！你自身都不能修持好，又怎么能治理天下呢？你走吧，不要耽误我的事！”

子贡惭愧失色，闷闷不乐，走了三十里路之后才恢复原来的样子。

子贡的弟子说：“刚才那个人是谁呀？先生为什么见了他之后变容失色，整天都没有恢复过来呢？”

子贡说：“起初我以为我的老师是天下独一人，不知道还有这样的人存在。我听我的老师说，事情求可行，功业求成就。用力少而收效显著的，就是圣人之道。现在知道不是这样。执守大道的人德性完备，德性完备的人形躯健全，形躯健全的人精神完备。精神完备，是圣人之道。托生人世悠游自在而不知所往，淳和真朴，这种人的心里肯定没有功利机巧。像这样的人，不是他志向的不会去求，不是他心所愿的不会去做。纵然天下都赞誉他，只要合于他的心意，便傲然不顾；纵使天下都非议他，只要不合他的心意，便漠然不受。天下的非议和赞誉，对他没有什么损益，这就是全德的人啊！我却是为世俗左右而摇摆不定的人。”

子贡回到鲁国之后，将这件事告诉了孔子。孔子说：“他是借浑沌氏的道术以修身的人，执守内心的纯一，心神不外分；修养内心，而不管外在的行为。像这样明澈纯素，自然归于真朴，体性抱神而遨游于世俗之间的人，你当然会感到惊异。而且浑沌氏的道术，我与你又怎么能够认识啊！”

点评

老子所说的“无知”，一般来讲，并不是不明事理的意思，即不是“年幼无知”的“无知”，而是不用知识、不用心智、不用智慧的意思。老子认为人应该明晓事理，但这种事理不是一般的事理，而是博大的“道”理。一般的明晓事理，要用知识、心智和智慧，而“道”理则要杜绝这些。一般的知识、心智和智慧，均属于庄子所谓的“机心”，即机变、机智之心。这种机心或智心，不但有局限，而且会使人去追求外物，执著于是非、毁誉，致使纯朴的本性丧失。

五色令人目盲[①]，五音令人耳聋[②]，五味令人口爽[③]，驰骋畋猎令人心发狂[④]，难得之货，令人行妨[⑤]。是以圣人为腹不为目[⑥]，故去彼取此。

（十二章）

【注释】

①五色：即青、赤、黄、白、黑。

②五音：即角、徵（zhǐ）、宫、商、羽。

③五味：即酸、苦、甘、辛、咸。　爽：伤，败，喻味觉差失。

④畋（tián）猎：打猎。

⑤妨：伤，害。

⑥腹：内在温饱。　目：外在感觉世界。

【译文】

五色令人眼花缭乱，五音令人听觉不敏，五味令人口病，纵情狩猎令人心放荡，难得的财货令人行为不轨。因此，圣人只求安饱，而不求声色之娱，所以摒弃外物的诱惑而保持安饱的生活。

扩展阅读

百年之木，破为牺樽[①]，青黄而文之，其断在沟中。比牺樽于沟中之断，则美恶有间矣，其于失性一也。桀跖与曾史[②]，行义有间也，然其失性均也。且夫失性有五：一曰五色乱目，使目不明；二曰五声乱耳，使耳不聪；三曰五臭薰鼻，困惾中颡[③]；四曰五味浊口，使口厉爽；五曰趣舍滑心[④]，使性飞扬。此五者，皆生之害也。而杨墨乃始离跂自以为得[⑤]，非吾所谓得也。夫得者困，可以为得乎？则鸠鸮之在于笼也[⑥]，亦可以为得也。且夫趣舍声色以柴其内，皮弁鹬冠搢笏绅修以约其外[7]，内支盈于柴栅，外重缪缴[8]，睆睆然在缪缴之中而自以为得[9]，则是罪人交臂历指而虎豹在于囊槛[10]，亦可以为得矣。

（《庄子·天地》）

【注释】

①牺樽：祭祀用的酒器。

②曾史：孔子弟子曾参和卫国大夫史鳅(qiū)。都有贤名。

③困惾(zōng)：冲逆人。　中颡(sǎng)：自鼻而通于额头。

④趣舍：取舍。　滑心：乱心。

⑤杨墨：杨朱和墨子。战国时期思想家。　离跂(qǐ)：翘起脚跟，形容想出人头地。

⑥鸠鸮(xiāo)：斑鸠。

⑦皮弁(biàn)鹬(yù)冠：用皮做的、以鹬鸟的羽毛为饰的冠冕。　搢笏(hù)绅修：插着笏的、有大带的长裙，古时的朝服。

⑧缪缴(mòzhuó)：绳索。

⑨睆(chuǎn)睆然：极目远望的样子。

⑩交臂历指：反手捆缚。　囊槛(jiàn)：圈槛。

【译文】

百年的树木，破开来做成酒器，用青、黄的颜料来纹饰，砍断不用的部分被抛在沟中。酒器与弃于沟中的断木相比，有美丑之别，然而丧失本性却是一样的。夏桀、盗跖和曾参、史鳅，行为的善、恶有所不同，然而都一样丧失本性。丧失本性有五种：一是五色扰乱眼目，使得眼睛不明；二是五声扰乱耳朵，使得耳朵不聪；三是五臭薰鼻，使鼻腔受很强的刺激；四是五味败坏口舌，使得味觉丧失；五是好恶取舍扰乱心智，使性情浮躁。这五种事物，都是生命的祸害。而杨朱、墨翟想出人头地而以为有所得，这并不是我所说的自得。有所得反而受困扰，能算是自得吗？如果算是自得的话，那么斑鸠在笼子里，也算是自得了。况且好恶声色充塞于心中，冠冕朝服束缚于体外，内心塞满了栏栅，体外束缚着重重绳索，眼看在绳索的捆缚之中还自以为得意，那么罪人被反缚双手，虎豹被囚在兽笼里，也都算是自得了。

点评

老子和庄子都主张人应该过一种素朴的生活，而不应该追求享受，不应该有欲望。在他们看来，普通人追求感官享受，喜欢纵情享乐和狩猎之类的事，都会带来相应的麻烦和苦恼，因而并不值得。得道的人不追求这些，只求温饱，不求逸乐。如果说老子和庄子反对用知识、心智是反对科技文明的话，那么这种主张素朴的思想就是反对物质文明。物质文明的发展确实造成很多问题，如人的物欲膨胀、沉溺于物质享受而精神极度空虚，乃至于有人主张“贪欲就是最大的善”，以及因此带来的尔虞我诈和犯罪，等等。但是，抛开物质文明而过一种禁欲的生活同样也有问题，就是会导致一种厌世的心态和行为。人不应该只图物质享受而纵情于声色犬马之中，但也不能没有任何的物质享受。

宠辱若惊[1]，贵大患若身[2]。何谓宠辱若惊？宠为下[3]，得之若惊，失之若惊，是谓宠辱若惊。何谓贵大患若身？吾之所以有大患者，为吾有身，及吾无身[4]，吾有何患？

（十三章）

【注释】

①若：就。

②贵：看重。

③下：卑下。

④及：如果。

【译文】

得宠和受辱都感到惊恐，重视身体像重视大的祸患一样。什么叫做得宠和受辱都感到惊恐？得宠是卑下之事，得到恩宠感到惊慌，失去恩宠也感到惊慌，这就是得宠和受辱都感到惊恐。什么叫做重视身体像重视大的祸患一样？我之所以有大的祸患，是因为我有这个身体，如果没有这个身体，我又会有什么大的祸患呢？

扩展阅读

庄子之楚，见空髑髅，髐然有形[1]，撽以马捶[2]，因而问之曰："夫子贪生失理，而为此乎？将子有亡国之事[3]，斧钺之诛[4]，而为此乎？将子有不善之行，愧遗父母妻子之丑，而为此乎？将子有冻馁之患，而为此乎？将子之春秋故及此乎[5]？"

于是语卒，援骷髅，枕而卧。夜半，骷髅见梦曰：“子之谈者似辩士。视子所言，皆生人之累也，死则无此矣。子欲闻死之说乎？”

庄子曰：“然。”

骷髅曰：“死，无君于上，无臣于下，亦无四时之事，从然以天地为春秋[⑥]，虽南面王乐[⑦]，不能过也。”

庄子不信，曰：“吾使司命复生子之形[⑧]，为子骨肉肌肤，反子父母妻子闾里知识[⑨]，子欲之乎？”

骷髅深矉蹙頞曰[⑩]：“吾安能弃南面王乐而复为人间之劳乎！”

（《庄子·至乐》）

【注释】

①髐（xiāo）然：空枯的样子。

②撽（qiào）：从旁边敲打。　马捶：马鞭。

③将：难道，岂。

④斧钺（yuè）：兵器。

⑤春秋：年纪。

⑥从然：从，通“纵”。形容纵逸的样子。

⑦南面王乐：面向南，称王之乐。

⑧司命：掌管生命的鬼神。

⑨闾（lǘ）里：邻居。　知识：相知相识的人，指朋友。

⑩深矉（pín）蹙（cù）頞（è）：矉，同“颦”，皱眉。頞，同“额”，形容眉宇之间露出忧愁的样子。

【译文】

庄子到楚国去，看见一个空骷髅，空枯而形状完好，就用马鞭敲敲，问它说：“先生是因为贪生失理而死的吗？还是因为国破家亡，遭致斧钺的砍杀，而死于战乱的吗？你是做了坏事，愧对父母妻儿，而自杀身亡的吗？你是因受冻挨饿的祸患而死的吗？你是年寿已尽而自然死亡的吗？”

庄子说完这番话之后，就拿过骷髅，枕着它睡觉。半夜的时候，庄子梦见骷髅对他说："你的谈吐像辩士。看你所讲的，都是活着的人的拘累，死了之后就没有这些忧患了。你想听听死者的快乐吗？"

庄子说："想。"

骷髅说："人死了，上无君王，下无臣子，也没有春夏秋冬四时之事，从容自得而与天地同久，就是君王的快乐，也不能胜过这种快乐。"

庄子不相信，就说："我让司命恢复你的形体，给你骨肉肌肤，让你回到父母妻儿和里巷朋友那里，你愿意吗？"

骷髅听了眉宇间露出深深的忧愁说："我怎么能够舍弃君王般的快乐而再去忍受人间的劳苦呢！"

点评

世人难免有邀宠之心，少时邀宠于父母，稍长则邀宠于师长。凡邀宠于人的时候，地位总是比人低下。就此而言，"宠为下"。而得宠总有失宠的时候，为避免失宠，于是乎竭尽阿谀奉承之能事，这也是"宠为下"。无论是得宠还是失宠，都难免惴惴不安，所以"若惊"。宠也好，辱也罢，都是因为有个"我"在，一旦无我，宠辱祸福也都如云烟。人生在世，总有个躯壳，真正做到无我，也并不容易。身死之后，便真的无我了。所以老子讲"无我"，而庄子更进一层，讴歌死亡。死亡确实是人的大解脱，世间的一切纷纷扰扰都没有了。然而，生命有它可贵之处，解脱也不只有死亡一途。坦然赴死诚然难得，而不屈不挠地活着更令人敬佩。关键不在生与死，而在如何活。有尊严、有意义地活，而不是跪着活，才是生命的真谛。

贵以身为天下，若可寄天下；爱以身为天下，若可托天下。

（十三章）

【译文】

以贵身的态度去治理天下，才可以把天下寄托给他；以爱身的态度去治理天下，才可以把天下委托给他。

扩展阅读

而且说明邪[①]？是淫于色也；说聪邪？是淫于声也；说仁邪？是乱于德也；说义邪？是悖于理也；说礼邪？是相于技也[②]；说乐邪？是相于淫也；说圣邪？是相于艺也[③]；说知邪？是相于疵也[④]。天下将安其性命之情，之八者[⑤]，存可也，亡可也；天下将不安其性命之情，之八者，乃始脔卷[illegible]囊而乱天下也[⑥]。而天下乃始尊之惜之，甚矣天下之惑也！岂直过也而去之邪[⑦]！乃斋戒以言之，跪坐以进之，鼓歌以舞之，吾若是何哉！

故君子不得已而临莅天下[⑦]，莫若无为。无为也而后安其性命之情。故曰："贵以身为天下，则可以托天下；爱以身为天下，则可以寄天下。"故君子苟能无解其五藏[⑧]，无擢其聪明[⑨]，尸居而龙见[⑩]，渊默而雷声[⑪]，神动而天随[⑫]，从容无为而万物炊累焉[⑬]。吾又何暇治天下哉！

（《庄子·在宥》）

【注释】

①说：同"悦"。

②相：帮助，助长。　技：技巧。

③艺:技能。
④疵(cī):弊病。
⑤之:此。　八者:指以上明、聪、仁、义、礼、乐、圣、知八方面。
⑥脔(luán)卷:纠结在一起。脔,切成小块的肉。　狁(cāng)囊:犹“抢攘”。喧闹的样子。
⑦临莅(lì):到。此处指治理。
⑧无解其五藏:不耗散精神。解,散。藏,即“脏”。五脏为精灵之宅,代指精神。
⑨擢(zhuó):拔,显耀。
⑩尸居而龙见:形容身体如死尸纹丝不动,而不动中活跃着龙一般的生机。见,通“现”。
⑪渊默而雷声:形容沉静渊默而蕴藏电闪雷鸣般的生机。
⑫神动而天随:精神活动合于自然。
⑬万物炊累:万物的繁殖如同炊烟的累积而升。

【译文】

至于说喜好目明么?是迷乱于颜色;喜好耳聪么?是迷乱于音声;喜好仁么?是迷乱于道德;喜好义么?是迷乱于道理;喜好礼么?是助长了技艺;喜好乐么?是助长了无节制;喜好圣么?是助长了技能;喜好智么?是助长了毛病。天下人将要安定其性命的真情,这八种东西可有可无;天下人将要不安定其性命的真情,这八种东西就开始纠结喧闹而惑乱天下。天下人反而开始尊崇它们,爱惜它们,天下之人的迷惑也太过分了!岂止是只涉猎一下就算了呀!还要斋戒去谈论它们,致恭尽礼去传授它们,歌舞着去宣扬它们,真是让人无可奈何啊!

因此,君子不得已而统治天下,最好是无为。无为才能让天下的人安定其性命的真性。所以说:“以贵身的态度去治理天下,才可以把天下寄托给他;以爱身的态度去治理天下,才可以把天下委托给他。”因而君子如果能不耗散精神，不显耀自己的聪明才智，安居不动而蕴含生机，沉静渊默而生机勃发，精神活动合于自然，从容无为而万物的繁殖如同炊烟的累积而升。我又何必去治理天下呢！

点评

治理天下的人，应当是尊重自己生命的人。一个人只有尊重自己的生命，才能尊重别人的生命；而不尊重别人的生命，也就是不尊重自己的生命。古往今来的统治者，无论是帝王还是元首，如果不尊重别人的生命，保护别人的生存权利，自己的生命最终也不能保全，如桀纣之类的暴君、残杀犹太人的希特勒，就是典型。老子认为只有贵身、爱身的人才能治理天下，真是至理名言。当然，贵身、爱身有各种各样的方式、有不同的层次。老子和庄子讲的贵身、爱身，是不要贪图享受，不要用礼、乐、圣、智之类的东西误导民众去追求外在的东西，而现在要讲贵身、爱身，理应是保障人的基本权利不受侵犯和损害。

七 大道惚恍

视之不见，名曰“夷”[①]；听之不闻，名曰“希”[②]；搏之不得[③]，名曰“微”[④]。此三者不可致诘[⑤]，故混而为一。其上不皦[⑥]，其下不昧[⑦]，绳绳兮不可名[⑧]，复归于无物[⑨]。是谓无状之状，无物之象，是谓惚恍[⑩]。迎之不见其首，随之不见其后。

（十四章）

【注释】

①夷：无形。

②希：无声。

③搏：拊拍。

④微：无形体。

⑤诘(jié)：讯问。

⑥皦(jiǎo)：洁白。

⑦昧(mèi)：阴暗。

⑧绳绳：无边无际。

⑨无物：无形态。

⑩惚恍：似有似无，茫然无定。

【译文】

看它看不见，称作“夷”；听它听不到，称为“希”；摸它摸不到，称为“微”。这三者都不可推问，因而混为一体。它显也不明亮，隐也不暗淡，无边无际而不可名状，一切的运动都会回复到不见物体的状态。这就叫做没有形状的形状，没有物体的形象，就叫“惚恍”。迎着它看不到它的前头，跟着它看不到它的后面。

扩展阅读

黄帝游乎赤水之北，登乎昆仑之丘而南望，还归，遗其玄珠[①]。使知索之而不得[②]，使离朱索之而不得[③]，使喫诟索之而不得也[④]。乃使象罔[⑤]，象罔得之。黄帝曰：“异哉！象罔乃可以得之乎？”

（《庄子·天地》）

【注释】

①玄珠：喻道。

②知：寓名，喻智。

③离朱：人名，视力极好，喻感官。

④喫诟（chīgòu）：寓名，喻言辩。

⑤象罔：寓名，喻没有形迹。

【译文】

黄帝游历于赤水的北面，登上昆仑的高山而向南眺望，返回的时候，遗失了玄珠。让知去找没有找到，让离朱去找也没有找到，让喫诟去找还没有找到。于是让象罔去找，象罔找到了。黄帝说：“奇怪啊！象罔才能找到玄珠么？”

点评

“道”不是感官所能把握的，不可见，不可闻，不可触。所以，离朱找不到“道”；“道”也不是一般所谓的智慧、知识所能把握的，因而知也找不到“道”；“道”更是超越语言的，所以喫诟也找不到“道”。然而，“道”又确实存在，并且是超越时空而存在。从时间上讲，“道”无始无终，不生不灭；从空间上讲，“道”无首无尾、无所不在，即所谓“迎之不见其首，随之不见其后”。这样的存在，并不是一个有形迹的物体，而是恍恍惚惚的存在。那么“道”是不是不可知的呢？有人说老子和庄子都是不可知论者，“道”也不可知。其实不然。“道”可知，象罔就得到了“道”。但这种知的方式很特别，不是通常意义上的感性或理性的认知，而是像观赏中国山水画的认知方式。观赏山水画，不能从形象去看，而且也不能只用眼去看，而是要用心去看。这个心，也不是分别心、知识心、认知心，而是洗尽了尘滓的、似无而实有的心。有了这种心，才能看出山水画的意蕴。有了这种心，才能得道。

八　清静自然

孰能浊以静之徐清[1]，孰能安而动之徐生[2]。保此道者，不欲盈。夫唯不盈，故能蔽而新成[3]。

（十五章）

【注释】

①孰：谁。　徐清：慢慢澄清。

②徐生：慢慢趋进。

③蔽：通“敝”。

【译文】

谁能在动荡中安静下来而慢慢地澄清，谁能在安定中变动起来而慢慢地趋进。保有这些道理的人不肯自满。正是因为不自满，所以才能去故更新。

扩展阅读

孔子穷于陈蔡之间，七日不火食，左据槁木，右击槁枝，而歌猋氏之风[1]，有其具而无其数[2]，有其声而无宫角，木声与人声，犁然有当于人之心[3]。颜回端拱还目而窥之[4]。仲尼恐其广己而造大也，爱己而造哀也，曰：“回，无受天损易，无受人益难。无始而非卒也，人与天一也。

夫今之歌者其谁乎？”

回曰：“敢问无受天损易？”

仲尼曰：“饥渴寒暑，穷桎不行⑤，天地之行也，运物之泄也⑥，言与之偕逝之谓也。为人臣者，不敢去之。执臣之道犹若是，而况乎所以待天乎？”

“何谓无受人益难？”

仲尼曰：“始用四达，爵禄并至而不穷，物之所利，乃非己也，吾命其在外者也。君子不为盗，贤人不为窃。吾若取之，何哉！故曰，鸟莫知于鷾鸸⑦，目之所不宜处，不给视，虽落其实，弃之而走。其畏人也，而袭诸人间⑧，社稷存焉尔⑨。”

“何谓无始而非卒？”

仲尼曰：“化其万物而不知其禅之者，焉知其所终？焉知其所始？正而待之而已耳。”

“何谓人与天一邪？”

仲尼曰：“有人，天也；有天，亦天也。人之不能有天，性也，圣人晏然体逝而终矣⑩。”

（《庄子·山木》）

【注释】

①猋(biāo)氏：神农氏。

②有其具而无其数：有枝击木而没有节奏。

③犁然：释然，悠然。

④端拱：拱手直立。　还目：回过头看。

⑤穷桎(zhì)不行：指饥渴寒暑足以桎梏人，使人不能自适。

⑥运物之泄：品物的发动。

⑦鷾鸸(yì'ér)：燕子。

⑧袭诸人间：到人的屋舍里筑巢。袭，入。

⑨社稷：此处指鸟巢。

⑩晏然：即安然。

【译文】

孔子困穷于陈蔡之间，七天没有生火煮食，他左手靠着枯树，右手敲击着树枝，而唱着神农时代的歌谣，有敲击的器具而没有节奏，有声音而没有音律，击木声和歌唱声，悠然清淡而让人心里感到舒适。

颜回看见孔子击木而歌，于是恭敬地站着，回眸而视。孔子担心他宽解自己而至于夸大，爱惜自己的身体而陷于哀伤，便对他说："颜回，不受自然的损伤很容易，不受人的利禄却很难。自然变化无穷，没有一个开始不是终结，人与自然是一样的。现在的歌唱者又是谁呢？"

颜回说："请问不受自然的损伤容易是什么意思？"

孔子说："饥饿、干渴、寒冷、暑热，这些都足以桎梏人而让人不舒适，然而这是天地的运行，品物的流动，人要与其一同变化呀。做人臣子的，不能逃避君王的命令。执守人臣之道的都能这样，何况对待自然呢？"

颜回说："不受人的利禄很难是什么意思呢？"

孔子说："初次被任用就很顺利，爵位利禄一起都来而没有穷尽，然而这些外在的利益，并不是属于我自己的，我的机遇让我得到这些外在的利益罢了。君子不会去盗劫，贤人不会去偷窃。我要去求取，又为什么呢？所以说，鸟儿没有比燕子更聪明的了，看到不合宜的地方，就不再看第二次，虽然失落了口中的食物，也放弃它而飞走。它畏惧人，但是还飞到人的屋子里，只是自己的巢在里面罢了。"

颜回说:“没有一个开始不是终结又是什么意思呢?”

孔子说:“化生万物而不知道谁能替代它,怎么知道它的终结?怎么知道它的开始?顺应自然的变化就是了。”

颜回问:“人与自然是一样的又是什么意思呢?”

孔子说:“人为,出于自然;自然,也出于自然。人为不能合于自然,是天性的限制,只有圣人能安然地顺应着自然而变化啊!”

点评

《老子》第十五章都是讲得道之人的修养与外在表现,最后的归结,就是“夫唯不盈,故能蔽而新成”。“蔽而新成”,又作“蔽不新成”或“蔽而不成”,三者的意思不同,这里按“蔽而新成”作解。得道的人,能够在浑浊的情形下使之安静并慢慢地清明,而在长久安静的情况下又能使之活动而慢慢地生动活泼。也就是说在什么情况下都不自满、自弃。庄子所讲的这个故事中的孔子,就是不自满、不自弃的人。为什么得道的人不会自满、自弃呢?孔子的话中透露出一点玄机,就是要明白自然的道理而顺应自然。

致虚极[①]，守静笃[②]。万物并作[③]，吾以观复[④]。夫物芸芸[⑤]，各复归其根。归根曰静[⑥]，静曰复命[⑦]。复命曰常[⑧]，知常曰明[⑨]。不知常，妄作凶。

（十六章）

【注释】

①致虚：推致空明宁静的心智。　极：极度，顶点。

②守静：坚守清静无为。　笃：顶点。

③作：生成运动。

④复：往复循环。

⑤芸芸：纷繁众多。

⑥归根：回归根本。

⑦复命：复归生命之本。

⑧常：永恒不变的规律。

⑨明：准确地认识和把握规律。

【译文】

“致虚”和“守静”的功夫，都要做到极致。万物并动，我从中看到循环往复的道理。生物运动，终究都要返回到它的本根。回到本根称为“静”，“静”称为“复命”。“复命”称为“常”，了解“常”称为“明”。不了解“常”，轻举妄动就会干出凶险之事。

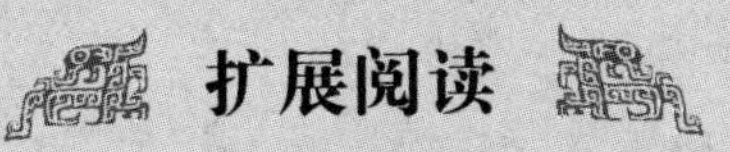

扩展阅读

天道运而无所积[①]，故万物成；帝道运而无所积[②]，故天下归；圣道运而无所积[③]，故海内服。明于天，通于圣，六通四辟于帝王之德者[④]，其自为也，昧然无不静者矣[5]。圣人之静也，非曰静也善，故静也；万物无足以挠心者，故静也。水静则明烛须眉，平中准，大匠取法焉[6]。水静犹明，而况精神！圣人之心静乎！天地之鉴也，万物之镜也。夫虚静恬淡寂寞无为者，天地之本而道德之至[7]，故帝王圣人休焉[8]。休则虚，虚则实，实则备矣。虚则静，静则动，动则得矣。静则无为，无为也则任事者责矣[9]。无为则俞俞[10]，俞俞者忧患不能处，年寿长矣。夫虚静恬淡寂寞无为者，万物之本也。明此以南乡[11]，尧之为君也；明此以北面[12]，舜之为臣也。以此处上，帝王天子之德也；以此处下，玄圣素王之道也[13]。以此退居而闲游，则江海山林之士服[14]；以此进为而抚世[15]，则功大名显而天下一也[16]。静而圣，动而王[17]，无为也而尊，朴素而天下莫能与之争美。

（《庄子·天道》）

【注释】

①天道：自然之道，指自然规律。　积：积蓄，停滞。

②帝道：帝王之道，指建功立业之法。

③圣道：圣贤之道，指制法立教的办法。

④六通四辟：六合四方都通晓。辟，开辟，通达。

⑤昧然：昏昏然，不知不觉的样子。

⑥“水静”三句：烛，用作动词，照。中，合。取法，拿来作为效法的标准。

⑦至：实，实质。

⑧休：息虑。

⑨责：尽责，尽职。

⑩俞俞：即“愉愉”，从容愉悦的样子。

⑪南乡：指南向登天子之位。乡，通“向”。

⑫北面：面向北而坐。

⑬玄圣素王：指具有帝王之道并被天下人仰慕崇拜而无帝王爵位的人。如老子、孔子之类的人。

⑭江海山林之士:即隐士。　服:信服。

⑮进为:进取出仕。　抚世:安抚世人,治理百姓。

⑯天下一:天下一统,统一天下。

⑰“静而圣”二句:“静而圣”就“内体”而言,“动而王”就“外用”而言,内静外动皆顺其天道的变化。

【译文】

天道运行而无所停滞,所以万物得以生成;帝王之道运行而无所停滞,所以天下归心;圣人之道运行而无所停滞,所以海内宾服。明白天之道,通晓圣人之道,六合四时无不合于帝王之德的人,任万物自动,自己晦迹韬光,无时不静。圣人清静,并不是因为清静是善才清静,清静时万物不会扰乱内心,所以清静。水静止的时候就能清晰地映照出人的胡须和眉毛,水平面合乎规准,而为大匠所取法。水静都能清明,何况精神呢!圣人的心清静啊!可以用为天地万物的镜子。虚静、恬淡、寂寞、无为,是天地的根本、道德的极至。所以,圣人和帝王休虑息心。休虑息心就能空明,空明就充实,充实就能完备。心灵空明就能清静,清静而后能动,动则无往而不自得。清静就能无为,无为就能听任万事万物各尽其职。无为就能从容自得,从容自得的人就不会有忧患,年寿便能长久。虚静、恬淡、寂寞、无为,是万事万物的根本。明白这个道理来做君主,就是像尧那样的国君;明白这个道理来做臣下,就是像舜那样的臣子。用这个道理而处于上位,就是帝王天子的品德;用这个道理而处于下位,就是玄圣素王的准则。用这个道理来隐居闲游,江海山林之士就会宾服;用这个道理来做官抚世,则功劳大名声显而天下一统。清静则为圣,行动而为王,无为就能为万物所尊,朴素则天下就没有什么东西能与之相媲美。

点评

老子和庄子都强调虚静。虚，就是虚其心，消除心智的作用而达到空明的境界；静，就是排除欲念和烦恼而归于恬淡寂静。虚不是空，而是实，就是容纳万有。静不是止，而是动，就是任万物自由生长与往来。老子和庄子讲虚静，也不是因为世俗所谓的善与不善，虚静并非是善，也不是不善，而是超越了善与不善。虚静而后能观，观就是观照万物的本根或本原，于是就能明晓万物至当不易的常轨，得浩大的境界而能长久。反之，内心营营苟苟，胶着于利害之间，执著于是非之途，无论是求善还是为恶，都要产生祸害。

知常容[①],容乃公,公乃全[②],全乃天[③],天乃道,道乃久,没身不殆[④]。

（十六章）

【注释】

①常:常道。　容:包容。

②全:全面,普遍。

③天:天地自然。

④没(mò)身:终身。　殆:危。

【译文】

知晓常道就能包容,包容就能廓然大公,廓然大公就能无不周遍,无不周遍就能合于天,合于天就能合于道,合于道就可以长久,终身都没有危殆。

扩展阅读

子祀、子舆、子犁、子来四人相与语曰[①]:“孰能以无为首,以生为脊,以死为尻[②],孰知死生存亡之一体者,吾与之友矣。”四人相视而笑,莫逆于心[③],遂相与为友。

俄而子舆有病,子祀往视之。曰:“伟哉夫造物者,将以予为此拘拘也[④]!曲偻发背[⑤],上有五管[⑥],颐隐于齐[⑦],肩高于顶,句赘指天[⑧]。”阴阳之气有沴[⑨],其心闲而无事,跰𨇤而鉴于井[⑩],曰:“嗟乎!夫造物者又将以予为此拘拘也!”

子祀曰:“汝恶之乎?”

曰:“亡[⑪],予何恶!浸假而化予之左臂以为鸡[⑫],予因之以求时夜;浸假而化予之右臂以为弹,予因之以求鸮炙[⑬];浸假而化予之尻以为轮，以神为马，予因以乘之，岂更驾哉！且夫得者，时也；失者，顺也；安时而处顺，哀乐不能入也。此古之所谓县解也⑭。而不能自解者，物有结之⑮。且夫物不胜天久矣⑯，吾又何恶焉！”

俄而子来有病，喘喘然将死，其妻子环而泣之。子犁往问之，曰：“叱！避！无怛化⑰！”倚其户与之语曰：“伟哉造化！又将奚以汝为，将奚以汝适⑱？以汝为鼠肝乎？以汝为虫臂乎？”

子来曰：“父母于子⑲，东西南北，唯命是从。阴阳于人，不翅于父母⑳。彼近吾死而吾不听㉑，我则悍矣，彼何罪焉！夫大块载我以形，劳我以生，佚我以老，息我以死。故善吾生者，乃所以善吾死也。今之大冶铸金㉒，金踊跃曰：‘我且必为镆铘㉓！’大冶必以为不祥之金。今一犯人之形㉔，而曰：‘人耳！人耳！’夫造化者必以为不祥之人。今一以天地为大炉，以造化为大冶，恶乎往而不可哉！”成然寐㉕，蘧然觉㉖。

（《庄子·大宗师》）

【注释】

①子祀、子舆、子犁、子来：皆为虚拟人物。　相与语：相互交谈。

②尻（kāo）：脊椎骨末端，指屁股。

③莫逆于心：心意相通，不违背共识。

④造物者：与后文的“造化者”均指“道”，“道”能生物也能化物，所以如此说。　拘拘：拘挛弯曲的样子。

⑤曲偻（lóu）：伛偻，驼背。　发背：突背，背向上拱露。

⑥五管：五脏的穴位。

⑦颐隐于齐：面颊藏在肚脐下。齐，古“脐”字。

⑧句赘：发髻。

⑨沴（lì）：凌乱。

⑩跰䟢（piánxiān）：走路蹒跚的样子。　鉴：照。

⑪亡（wú）：古同“无”，不。

⑫浸假:假使。浸,逐渐。

⑬鸮(xiāo)炙:烤鸮鸟肉。

⑭解:即悬解,解其倒悬。

⑮物有结之:指被阴刚之气所束缚。物,指阴阳二气。

⑯物:指人。　天:指大自然。

⑰无怛(dá)化:无需惊恐于生死的变化。怛,惊。

⑱将奚以汝适:将要把你送向何处。适,往。

⑲父母于子:即"子于父母"的倒装句。下文"阴阳于人"也是倒装句。

⑳不翅:不啻,不止,何止。

㉑彼:指阴阳、造化。　近:迫,使。

㉒大冶:冶金工匠,喻造化。

㉓镆铘:也写作"莫邪",良剑名。

㉔犯:通"范",铸造。

㉕成然:安然。　寐:睡着了。

㉖蘧(qú)然:自适的样子。

【译文】

子祀、子舆、子犁、子来四人在一起说:"谁能把'无'作为头颅,把'生'当作脊梁,把死当作尾骨,谁能知道死生存亡是一体,我们就和他做朋友。"四人相视而笑,相契于心,于是就成了朋友。

过了不久子舆生病,子祀去看望他。子祀说:"伟大的造物者啊,把我变成了这个曲屈不伸的样子!腰弯背驼,五脏血管向上,面颊隐在肚脐之下,肩膀高过头顶,颈后发髻朝天。"他身上的阴阳二气不和,可是他内心闲适而若无其事,步履蹒跚地走到井边去照一照自己，说：“哎呀！造物者又把我变成这个曲屈不伸的样子。”

子祀说：“你厌恶吗？”

子舆说：“不，我厌恶什么！假使把我的左臂变成鸡，我就用它来报晓；假使把我的右臂变成弹弓，我就用它去打斑鸠；假使把我的尾骨变成了车轮，把我的精神变成了马，我就乘着它走，哪里还用另外的车马呢！再说得到生命，是适时；死亡，是顺应；安心适时而顺应变化，心中就不会有哀乐之情。这就是古时所说的解除束缚。不能自我解除束缚的人，是被外物束缚住了。而且人力不能胜过天然由来已久，我又厌恶什么呢！”

过了不久子来生病，喘气急促就快死去，他的妻子儿女围着他哭泣。子犁去看望他，对子来的妻子儿女说：“去！走开！不要惊动快要变化的人！”他靠着门跟子来说：“伟大的造化啊！又要把你变成什么东西，又将把你送往何方？要把你变成老鼠的肝脏吗？要把你变成虫子的臂膀吗？”

子来说：“儿子对待父母，不论父母让到哪里去，都唯命是从。阴阳对人来讲，不啻如父母。它让我死，而我不听从，我就是悍逆不驯，它有什么罪过呢！大自然给我形躯，用生存让我劳碌，用年老让我清闲，用死亡让我安息。所以，有利于我生存的，也是有利于我死亡的。譬如一个铁匠在铸造金属器具，金属在炉中跳跃着说：‘我一定要成为镆铘宝剑！’铁匠一定会认为这是块不祥的金属。现在一有了人的形状，就说：‘我是人！我是人！’造化一定认为他是个不祥的人。现在把天地看成是大炉子，把造化看成是大铁匠，往哪里不可心啊！”子来说完话酣然睡去，又自在地醒来。

点评

知晓常道的人便能包容一切而廓然大公。所谓能包容一切，就是不管发生什么样的变故都能容得下，子舆、子来就可视为能包容一切的人。他们不管自己的形躯变成什么样子，也不管死后会怎么样，都没有厌恶之心，也没有拒斥之意。廓然大公，也不是一般意义上的无私，而是顺应自然的变化，像天地一样没有私心，偶然而有了人的形状，也不因此而执著于非要为人不可。这样做的极至，便是合于天地，合于道，而没有危殆。没有危殆，也不是世俗所谓的没有祸患，而是不以所谓的祸患为祸患，没有祸患荣辱之心。

九 绝圣弃知

大道废，有仁义；智慧出[①]，有大伪[②]；六亲不和[③]，有孝慈[④]；国家混乱，有忠臣。

（十八章）

【注释】

①智慧：智谋，指圣智、巧利。

②大伪：巨大的虚伪奸诈。

③六亲：父母兄弟妻子，泛指亲人。

④孝慈：尊长爱幼之道。

【译文】

大道废弃，才提倡仁义；智慧出现，就有了大的伪诈；家庭不和睦，才显出孝慈；国家昏乱，才有忠臣。

扩展阅读

彼民有常性，织而衣，耕而食，是谓同德[①]；一而不党[②]，命曰天放[③]。故至德之世，其行填填[④]，其视颠颠[⑤]。当是时也，山无蹊隧[⑥]，泽无舟梁；万物群生，连属其乡；禽兽成群，草木遂长。是故禽兽可得系羁而游，乌鹊之巢可攀援而窥。

夫至德之世，同与禽兽居，族与万物并，恶知乎君子小人哉！同乎无知，其德不离；同乎无欲，是谓素朴；素朴而民性得矣。及至圣人，蹩躠为仁，踶跂为义[7]，而天下始疑矣；澶漫为乐[8]，摘僻为礼[9]，而天下始分也。故纯朴不残，孰为牺樽！白玉不毁，孰为珪璋[10]！道德不废，安取仁义！性情不离，安用礼乐！五色不乱，孰为文采！五声不乱，孰应六律！夫残朴以为器，工匠之罪也；毁道德以为仁义，圣人之过也。

（《庄子·马蹄》）

【注释】

①同德：共同的本能。

②一而不党：浑然一体而不偏私。党，偏私。

③命曰天放：名为自然放任。命，名。天放，自然放任。

④填填：质重的样子。

⑤颠颠：专一。

⑥蹊隧：小径和隧道。

⑦蹩躠（biéxiè）为仁，踶跂（zhìzhī）为义：蹩躠、踶跂，形容勉强用力的样子。

⑧澶（dàn）漫：纵逸。

⑨摘僻：烦碎。

⑩珪璋：玉器。上尖下方的为珪，形像半珪的为璋。

【译文】

民众有真常的本性，纺织而衣，耕种而食，这是共同的本能；浑然与物一体而不偏私，名为自然放任。所以，盛德的时代，民众行为厚重，朴拙无心。在那个时候，山中没有小径和隧道，水泽上没有船和桥梁；万物众生，比邻而居；禽兽成群，草木繁盛。因而禽兽可以牵着游玩，乌鹊的巢穴可以攀援上去窥望。

盛德的时代，民众和禽兽居住在一起，和万物并聚在一块，哪里知道君子小人呢！人们都不用智巧，本性就没有离失；都没有贪欲,这就是纯真朴实;纯真朴实而民众得以保持本性。等到圣人出来,急忙于求仁,汲汲于求义,而天下便开始迷惑;纵逸求乐,琐碎为礼,而天下就开始有分别。所以,完整的木头不被分割,怎么会有牺樽!白玉不被毁坏,怎么会有珪璋!原始的自然天性不被废弛,哪会有仁义!性情不被离弃,哪里要用礼乐!五色不被散乱,怎么会有文采!五声不被错乱,怎要应合六律!砍削原木来做器具,是工匠的罪过;毁坏原始的自然天性而求仁义,这是圣人的过失。

点评

人们要追求什么东西，通常都是这种东西已经丧失了或者还没有得到。比如人们讲孝,就是因为有许多不孝之子。如果天下做子女的都孝敬父母,那么根本就用不着讲孝,而所谓的孝也显不出来。有人不孝,所以才显出有人孝。同样,有人不忠,才显出忠。同时,讲孝慈的时候,表明父子、兄弟、夫妇之间已经失和;讲忠的时候表明国家已经混乱不堪。而某种东西产生之后,它的反面也必然随之而生;提倡一种东西,同时也是在倡导它的反面。比如人有了智慧之后,相应的就会有伪诈。

绝圣弃知[①]，民利百倍；绝仁弃义，民复孝慈；绝巧弃利，盗贼无有。

（十九章）

【注释】

①圣：睿智，聪明。

【译文】

弃绝聪明巧智，民众可以得到百倍的好处；弃绝仁义，民众就能恢复孝慈的天性；弃绝巧诈和货利，盗贼自然消失。

扩展阅读

尝试论之，世俗所谓至知者，有不为大盗积者乎？所谓至圣者，有不为大盗守者乎？何以知其然邪？昔者龙逢斩[①]，比干剖[②]，苌弘胣[③]，子胥靡[④]，故四子之贤而身不免乎戮。故跖之徒问于跖曰："盗亦有道乎？"跖曰："何适而无有道邪[⑤]！夫妄意室中之藏[⑥]，圣也；入先，勇也；出后，义也；知可否，知也；分均，仁也。五者不备而能成大盗者，天下未之有也。"由是观之，善人不得圣人之道不立[⑦]，跖不得圣人之道不行[⑧]。天下之善人少而不善人多，则圣人之利天下也少而害天下也多。故曰，唇竭则齿寒，鲁酒薄而邯郸围[⑨]，圣人生而大盗起。掊击圣人[⑩]，纵舍盗贼[⑪]，而天下始治矣。

夫川竭而谷虚，丘夷而渊实。圣人已死，则大盗不起，天下平而无故矣。圣人不死，大盗不止。虽重圣人而治天下，则是重利盗跖也。为之斗斛而量之[⑫]，则并与斗斛而窃之；为之权衡以称之[⑬]，则并与权衡而窃之；为之符玺以信之[⑭]，则并与符玺而窃之；为之仁义而矫之，则并与仁义而窃之。何以知其然邪?彼窃钩者诛,窃国者为诸侯,诸侯之门而仁义存焉,则是非窃仁义圣知邪?故逐于大盗[15],揭诸侯[16],窃仁义并斗斛、权衡、符玺之利者,虽有轩冕之赏弗能劝[17],斧钺之威弗能禁。此重利盗跖而使不可禁者,是乃圣人之过也。

(《庄子·胠箧》)

【注释】

①龙逢:即夏桀的贤臣关龙逢,因直谏被杀。

②比干:商纣王叔父,因忠谏被剖心。

③苌弘:周灵王的贤臣,因遭谗毁剖腹自杀。　胣(chǐ):剖腹。

④子胥:即伍子胥。力谏吴王灭越,吴王不听,赐剑令其自刎。尸体沉于江中,而致糜烂。　靡:通“糜”。

⑤何适:何往,哪一个。

⑥妄意:揣测。

⑦不立:不能建功立业。

⑧不行:不能行窃下去。

⑨鲁酒薄而邯郸围:楚国会见诸侯,鲁国和赵国都向楚王献酒。鲁酒味淡而赵酒味浓。楚国管酒的人向赵国要酒,赵国不给,管酒人就把赵国好酒换成鲁国薄酒。楚王嫌赵酒不好,就出兵围困了赵国的邯郸。

⑩掊(pǒu)击:抨击,打击。

⑪纵舍:释放。

⑫斛(hú):容器,可盛五斗。

⑬权衡:称量用的工具。权,秤锤。衡,秤杆。

⑭符玺:古时的两种信物。符,分为两片,合而成一,如铜鱼木契之类。玺,王者的玉印,用以摄召天下。

⑮逐:追随。

⑯揭：高举标示之意。

⑰轩冕：借指爵禄。轩，古时大夫以上的官员所乘的车子。冕，古时大夫以上的官员所戴的帽子。

【译文】

让我们试作申论，世俗所谓最聪明的人，有不替大盗储积的吗？所谓的至圣，有不替大盗守备的吗？怎么知道是这样的呢？从前龙逢被斩首，比干被剖心，苌弘剖腹而死，伍子胥尸体糜烂于江中，因而这四个人的贤能都不能使他们免于杀身之祸。因此，盗跖的门徒问盗跖说："盗也有道吗？"盗跖说："做什么能没有道啊！猜测屋子里有什么东西，就是圣；带头先进去，就是勇；最后才出来，就是义；知道能不能下手，就是智；分赃平均，就是仁。这五种品德不具备而能成为大盗的，天下还没有过。"这样看来，善良的人不懂得圣人之道不能自立，盗跖不懂得圣人之道不能成事。天下善良的人少而不善良的人多，因而圣人有利于天下的少而为害天下的多。所以说，唇亡则齿寒，鲁国的酒味薄，赵国的邯郸便被围困，圣人出现，大盗便兴起了。打倒圣人，释放盗贼，天下便开始太平。

河川干涸而溪谷空虚，丘陵夷平而深渊被填实。圣人死了，大盗就不会兴起，天下就太平无事了。圣人不死亡，大盗便不会停止。虽然借重圣人来治理天下，却是增加了盗跖的利益。给他斗斛来量，则连斗斛一起偷走；给他权衡来称，则连权衡一起偷走；给他符玺来取信，则连符玺一起偷走；给他仁义来矫正，则连仁义一起偷走。怎么知道是这样的呢？那些偷窃衣带钩的人被诛杀，盗窃国家的人却成了诸侯，诸侯的门里就有了仁义，这不是盗窃仁义和圣智吗？因而那些追随大盗，拥戴诸侯，盗窃仁义和斗斛、权衡、符玺的利益的人，就是给他们高官厚禄也不能劝阻他们，用严酷的刑罚也不能禁止他们。这些大大有利于盗跖而无法禁止的事情，都是圣人的过错。

点评

老子或许并不反对仁义圣知，道家和儒家的关系在早期也许并非如冰炭水火。然而，通观全书，老子对仁义圣知之类的态度，即使不至弃绝，也是颇不以为然的；而庄子所谓“盗亦有道”，“圣人生而大盗起”，“窃钩者诛，窃国者为诸侯”也是符合历史事实的。圣人的用心或许是好的，但圣人所说的道理却既可为好人所用，也可为恶人所用；圣人鼓励的事情也是既可为善也可为恶。一位经济学家曾讲：“过去人们以为普及为别人做好事就可以改进社会风气，实在是极大的误解，因为这样培养出来的专门拣别人便宜的人，将数十倍于为别人做好事的人。”这和庄子所讲的道理是相通的。

见素抱朴[①],少私寡欲,绝学无忧[②]。

（十九章）

【注释】

①见:通“现”,显现。　素:未染色的丝。　抱:坚守。　朴:未雕琢的木。

②绝:杜绝。

【译文】

显现并保持朴素,减少私欲,抛弃学问,没有忧愁。

扩展阅读

市南宜僚见鲁侯,鲁侯有忧色。市南子曰:“君有忧色,何也?”

鲁侯曰:“吾学先王之道,修先君之业;吾敬鬼神而尊贤,亲而行之,无须臾居[①]。然不免于患,吾是以忧。”

市南子曰:“君之除患之术浅矣。夫丰狐文豹,栖于山林,伏于岩穴,静也;夜行昼居,戒也;虽饥渴隐约[②],犹且胥疏于江湖之上而求食焉[③],定也;然且不免于罔罗机辟之患[④]。是何罪之有哉?其皮为之灾也。今鲁国独非君之皮邪?吾愿君刳形去皮[⑤],洒心去欲[⑥],而游于无人之野。南越有邑焉[⑦],名为建德之国。其民愚而朴,少私而寡欲;知作而不知藏,与而不求其报;不知义之所适,不知礼之所将[⑧];猖狂妄行[⑨],乃蹈乎大方[⑩];其生可乐,其死可葬。吾愿君去国捐俗,与道相辅而行。”

君曰:“彼其道远而险,又有江山,我无舟车,奈何?”

市南子曰:“君无形倨[⑪],无留居[⑫],以为君车。”

君曰:“彼其道幽远而无人,吾谁与为邻?吾无粮,我无食,安得而至焉？”

市南子曰：“少君之费，寡君之欲，虽无粮而乃足。君其涉于江而浮于海，望之而不见其崖，愈往而不知其所穷。送君者皆自崖而反，君自此远矣。故有人者累[13]，见有于人者忧[14]。故尧非有人，非见有于人也。吾愿去君之累，除君之忧，而独与道游于大莫之国[15]。方舟而济于河[16]，有虚船来触舟，虽有惼心之人不怒[17]；有一人在其上，则呼张歙之[18]；一呼而不闻，再呼而不闻，于是三呼邪，则必以恶声随之。向也不怒而今也怒，向也虚而今也实[19]。人能虚己以游世，其孰能害之！”

（《庄子·山木》）

【注释】

①居：止息。

②隐约：逼困。

③胥疏：疏远。胥，通“疏”。

④罔罗机辟：捕兽的工具。

⑤刳(kū)：从中间破开再挖空。

⑥洒：通“洗”。

⑦南越：指遥远的地方。

⑧将：行。

⑨猖狂：随心所欲。

⑩大方：大道。

⑪形倨(jù)：形态倨傲。

⑫留居：滞守的意思。

⑬有人者：掌有民众的人。

⑭见有于人者：为人所役用的人。

⑮大莫：犹广漠。

⑯方舟：两舟并在一起。

⑰惼(biǎn)：同“褊”，气量狭小。

⑱张：撑开。　歙(xī)：退。

⑲虚:此处指船空无人。　实:此处指船上有人。

【译文】

市南宜僚去看鲁侯,鲁侯面带忧色。市南子说:“您面色忧郁,为什么呢?”

鲁侯说:“我学习先王的道理,经营先君的事业;我敬奉鬼神,尊重贤能,身体力行,没有片刻的休息。然而还是免不了祸患,因此我感到忧虑。”

市南子说:“您去除忧患的办法太浅了。丰美的狐狸和有花纹的豹子,栖息于山林之中,潜藏在岩穴之中,这是很沉静的了;夜里出来活动,白天在洞里睡觉,这是很警戒的了;虽然饥渴逼困,还是远远地到江湖之上去求食,这是很镇定的了;然而还是免不了被捕捉。它们有什么罪错呢?是它们的皮招的灾呀。现在的鲁国难道不是您的皮吗?我希望您破开形体,除去皮毛,洗净内心,弃除物欲,而遨游于无人的旷野。南越有个地方,名叫建德之国。那里的民众单纯而质朴,少私而寡欲;知道耕作而不知收藏,施与而不求回报;不知道什么合乎义,不知道什么才算是礼;从心所欲,任意而行,都合于道;活着的时候很快乐,死了也能得到安葬。我希望您抛开国家,捐弃俗务,和道相辅而行。”

鲁侯说:“那里路途遥远而艰险,又有江河山川的阻隔,我没有船和车马,怎么办呢?”

市南子说:“您不要倨傲,不要偏执,这就是您的车马。”

鲁侯说:“那里路途幽远而没有人,我和谁作伴?我没有粮食,怎么能到得了?”

市南子说:“减少您的费用,节制您的欲望,虽然没有粮食也足够了。您过了江而漂向海,看也看不见它的岸边,越往前走越不知道穷尽。送您的人都到岸边就返回，您从此远走了。所以，役用别人就很劳累，被人役用就有忧患。所以，尧不役用别人，也不被别人所役用。我希望您抛弃劳累，去除忧患，而只与大道相遨游于大莫之国。并起船来渡河，有空船撞上来，就是气量狭小的人也不会发怒；有一个人在那船上，就会喊着让他把船撑开后退；喊一声而那人没听见，再喊一声那人还没有听见，于是第三声就一定恶声恶气地随口骂起来。起先不生气而现在生气，是因为起先是没有人的空船而现在的船上有人。人能够空虚其身而悠游于世，又有谁能伤害他！”

点 评

人生在世，常与忧患相伴。然而，人们并不愿意有忧患，也不愿意整日忧心忡忡。不少人谨言慎行，韬光养晦，行善求义，就是为了少一点忧愁。但是，正如市南宜僚所言，丰狐文豹的行为不能说不谨慎，但还是难免被捕捉；鲁侯的行为也不能说不善，但还是忧患不绝。或许，少一点私心，少一点欲望，弃绝学问，就能少一些忧患。私心和欲望，会带来烦恼；学问、知识其实更是忧患的根源。人们常讲中国古代的知识分子们有较强的忧患意识，根源也就在他们有学知。

一〇 唯道是从

唯之与阿[1]，相去几何[2]？善之与恶，相去若何？人之所畏，不可不畏。

（二十章）

【注释】

①唯：恭敬的回应，对上。　阿：怠慢的回应，对下。

②几何：与下句"若何"都有"有多少"的意思。

【译文】

"唯"与"阿"，相差有多少？善与恶，相去有多远？人们所畏惧的，也不可不畏惧。

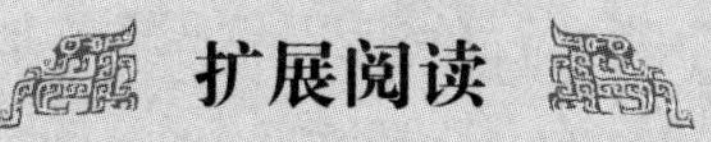

扩展阅读

劳神明为一而不知其同也[1]，谓之"朝三"。何谓"朝三"？狙公赋芧曰[2]："朝三而暮四。"众狙皆怒。曰："然则朝四而暮三。"众狙皆悦。名实未亏而喜怒为用，亦因是也。是以圣人和之以是非而休乎天钧[3]，是之谓两行[4]。

（《庄子·齐物论》）

【注释】

①神明:犹精神,指心思、心神。

②芧(xù):山栗。

③天钧:万物自然的平衡。

④两行:对立之双方,如物我、内外等各得其所。

【译文】

竭尽心智去求取万物的一致,而不知道它们本来就是相同的,称之为"朝三"。什么是"朝三"?有一个养猴人,喂猴子栗子吃,对猴子们说:"早上给你们三升,晚上给你们四升。"猴子们听了都很愤怒。养猴人就说:"那么早上给你们四升,晚上给你们三升。"猴子们听了都很高兴。名与实都没有改变而猴子们的喜怒不同,也是因为不知道本来是相同的。因而圣人不执著于是非而听任自然均衡,这就叫物我并行,各得其所。

点评

"唯"与"阿"都是应答的声音。"唯"是恭敬的回答,"阿"是轻侮的回答。从这两种应答中,又能引申出贵贱与荣辱。所以,字面上看是讲两种应答,而深层上又牵涉到贵贱、荣辱之类更大的问题。在老子看来,贵贱荣辱、美丑善恶都是相对的、不确定的,而不是绝对的、恒定的;而相对的两者之间,也没有实质性的区别。实质性的区别没有,但人们却有喜怒哀乐的不同,得荣华富贵则喜,受辱处贱则哀,如同猴子喜欢朝四暮三,而不喜欢朝三暮四一样。人们曾用朝三暮四比喻聪明人善于玩弄手段,而愚笨的人分别不出来;又用朝三暮四比喻反复无常,其实也都得个中三昧。仔细想来,贵贱之分、荣辱之别,不都是聪明人玩的花招吗?只是世人沉溺于其间而不能察觉而已。

俗人昭昭[①]，我独昏昏[②]。俗人察察[③]，我独闷闷[④]。众人皆有以[⑤]，而我独顽且鄙。我独异于人，而贵食母[⑥]。

（二十章）

【注释】

①昭昭：明白、鲜亮的样子。

②昏昏：糊涂、暗昧的样子。

③察察：洁净、精明的样子。

④闷闷：浑浊、质朴的样子。

⑤以：用。

⑥食母：用道。食，用。母，此处指“道”。

【译文】

世人都明达，唯独我昏昧。世人都计较，唯独我淳朴。世人都有用，唯独我愚陋又笨拙。我和世人不同，而崇尚资养万物的“道”。

扩展阅读

孔子问子桑雽曰[①]：“吾再逐于鲁，伐树于宋[②]，削迹于卫，穷于商周，围于陈蔡之间。吾犯此数患[③]，亲交益疏，徒友益散，何与？”

子桑雽曰：“子独不闻假人之亡与[④]？林回弃千金之璧，负赤子而趋。或曰：‘为其布与[⑤]？赤子之布寡矣。为其累与？赤子之累多矣。弃千金之璧，负赤子而趋，何也？’林回曰：‘彼以利合，此以天属也[⑥]。’夫以利合者，迫穷祸患害相弃也；以天属者，迫穷祸患害相收也。夫相收之与相弃亦远矣。且君子之交淡若水，小人之交甘若醴[⑦]。

君子淡以亲，小人甘以绝。彼无故以合者，则无故以离。”

孔子曰：“敬闻命矣。”徐行翔佯而归[8]。绝学捐书，弟子无挹于前[9]，其爱益加进。

异日，桑雽又曰：“舜之将死，乃命禹曰：‘汝戒之哉。形莫若缘[10]，情莫若率[11]。缘则不离，率则不劳。不离不劳，则不求文以待形[12]。不求文以待形，固不待物。’”

（《庄子·山木》）

【注释】

①子桑雽（hù）：人名，姓桑名雽，“子”为尊称。

②伐树于宋：孔子到宋国境内，在一棵树下休息，司马桓魋（tuí）赶来砍倒树木，威胁孔子。

③犯：遭。

④假：国名。又说是“殷”之误。

⑤布：财货。

⑥属：连接，相关。“天属”即天性的连接。

⑦醴（lǐ）：甜酒。

⑧翔佯：即徜徉，形容闲放自得。

⑨无挹（yì）于前：无揖让之礼。挹，揖礼。

⑩缘：因其自然。

⑪率：率真。

⑫文：虚文。

【译文】

孔子问子桑雽说：“我两次被鲁国驱逐出境，在宋国受到伐树的威胁，在卫国被禁止居留，在商周之地没有出路，在陈蔡交界的地方又被围困。我遭受这些患难，亲戚旧交越来越疏远，弟子朋友日渐散去，为什么会这样呢？”

子桑雽说：“你难道没有听说过假国人逃亡的故事吗？林回

放弃价值千金的玉璧，背着婴儿逃走。有人说：‘为了钱财吗？婴儿没有钱财呀。为了累赘吗？婴儿的累赘多得很呀。舍弃价值千金的玉璧，背着婴儿逃走，为什么呢？’林回说：‘我和玉璧只是利的结合，我和婴儿则是天性的联属。’因利而结合的，在遇到困穷祸患之害的时候就会相互遗弃；因天性而联属的，在遇到困穷祸患之害的时候就会相互收留。相互收留和相互遗弃相差也太远了。再说，君子之间的交情淡薄得跟水一样，小人之间的交情甘美得同甜酒一般。君子淡薄而相亲，小人甘美而容易断绝。所以，没有什么缘故而结合在一起的，也就没有什么缘故要离散。”

孔子说：“诚心接受你的教诲。”于是慢步安闲地走回去。弃绝学问，抛掉书籍，弟子也不用行揖让之礼，而对他的爱戴却愈发增进。

有一天，桑雽又说：“舜临死的时候，就对禹讲：‘你要警戒呀。形体不如因其自然，情感不如率真。因其自然就不会离失，率真就不会劳苦。不离失，不劳苦，就不会求取虚文来粉饰形体。不求取虚文来粉饰形体，自然就无待于外物。’”

点评

得道的人和世俗之人的区别，就是世俗之人看起来很有聪明才智，对什么事情都要有个计较，分个是非曲直，而得道的人却似乎愚拙昏昧而没有才能。殊不知愚拙的人也许是有大智慧的人，即所谓“大智若愚”，而表现得很聪明的人却可能是傻瓜。世俗之人的聪明，往往用来求名逐利，而这正是人与人之间相互疏远的原因所在。有大智慧的人不聪明，也不求名逐利，所以也不会被人疏远。可惜的是，世人都愿意聪明一些，有才能一些，而不愿被人视为笨人。

曲则全，枉则直①，洼则盈，敝则新，少则得，多则惑。是以圣人抱一以为天下式②。不自见③，故明；不自是④，故彰；不自伐⑤，故有功；不自矜⑥，故长。

（二十二章）

【注释】

①枉：屈。

②式：法式，楷模。

③见：通"现"，显现。

④是：正确。

⑤伐：夸，自矜。

⑥矜：骄傲。

【译文】

委曲反而能保全，屈就反而能伸展，低洼反而能充盈，敝旧反而能生新，少取反而能多得，贪多反而迷惑。因此，圣人守道而为天下的范式。不自我显示，所以显明；不自以为是，所以彰著；不自我夸耀，所以有功；不自我炫耀，所以长久。

扩展阅读

颜阖将傅卫灵公太子①，而问于蘧伯玉曰②："有人于此，其德天杀③。与之为无方④，则危吾国；与之为有方，则危吾身。其知适足以知人之过，而不知其所以过。若然者，吾奈之何？"

蘧伯玉曰："善哉问乎！戒之，慎之，正汝身也哉！形莫若就⑤，心莫若和⑥。虽然，之二者有患⑦。就不欲入⑧，和不欲出⑨。形就而入，且为颠为灭，为崩为蹶⑩。心和而出，且为声为名，为妖为孽。彼且为婴儿，亦与之为婴儿；彼且为无町畦，亦与之为无町畦⑪；彼且为无崖，亦与之为无崖[12]。达之入于无疵。汝不知夫螳螂乎？怒其臂以当车辙[13]，不知其不胜任也，是其才之美者也[14]。戒之，慎之！积伐而美者以犯之[15]，几矣[16]。汝不知夫养虎者乎？不敢以生物与之，为其杀之之怒也。不敢以全物与之，为其决之之怒也。时其饥饱[17]，达其怒心[18]。虎之与人异类而媚养已者，顺也；故其杀者[19]，逆也。夫爱马者，以筐盛矢[20]，以蜃盛溺[21]。适有蚉虻仆缘[22]，而拊之不时[23]，则缺衔毁首碎胸[24]。意有所至而爱有所亡，可不慎邪？”

（《庄子·人间世》）

【注释】

①颜阖：姓颜，名阖，鲁国的贤人。　傅：师傅，老师。这里作动词用。

②蘧（qú）伯玉：姓蘧，名瑗，字伯玉，卫国的贤大夫。

③天杀：天性刻薄，天性凶残。

④方：方圆，规矩，法度。

⑤就：亲近。

⑥和：诱导。

⑦之：此，指形就、心和。

⑧入：陷入，苟同。

⑨出：显露，显示。

⑩崩：垮。　蹶：跌倒，失败。

⑪町畦（tǐngqí）：田界。

⑫无崖：无边际，指放荡不拘。

⑬怒：奋起。　当：阻挡。

⑭是：自恃。

⑮积：屡，多次。　伐：夸耀。　而：你。

⑯几：危，危险。

⑰时：通“伺”，伺候。

⑱达：疏导，引导。

⑲杀:搏杀,指伤人。
⑳矢:通"屎",马粪。
㉑溺:尿,指马尿。
㉒仆缘:附着。仆,附。
㉓拊(fǔ):拍打。　不时:不及时。
㉔缺衔:指咬断马勒口。　首:辔头。　胸:胸络。

【译文】

颜阖要去做卫灵公太子的师傅,而去问蘧伯玉说:"有这么一个人,天性刻薄。如果放纵他,就会危害我们的国家;如果用法度来规劝他,就会危及我自身。他的聪明刚好能够知道别人的过错,而不知道别人有过错的原因。像这种情形,我怎么办呢?"

蘧伯玉说:"你问得很好!要小心谨慎,自己要立身于正道啊!外表不如表现亲近之态,内心却要存着诱导之意。虽然这样,这两者仍有隐患。亲近他不要过分,诱导他不要表现出来。外表亲近过分,就会受挫乃至毁灭。内心要诱导他而表现出来,就会得声名而招灾祸。他要像婴儿一样没有规矩,你也随他像婴儿一样没有规矩;他要没有界限,你也跟他一样没有界限;他要是没有拘束,你也和他一样没有拘束。这样引导他走上没有毛病的正途。你不知道那螳螂吗?奋力举起手臂去阻挡车轮,而不知道自己的力量不能胜任,这是因为它将自己的才能看得太高了。小心谨慎啊!屡屡夸耀你赞美的东西去触犯他,就危险了。你不知道那养虎的吗?不敢拿活着的东西给它吃,怕它扑杀活物而激起残杀的本性;不敢拿完整的东西给它吃,怕它撕咬食物而激起残杀的本性。虎虽然和人是不同类的,但却驯服于养它的人,是因为养虎者顺着它的性子。爱马的人,用筐去接马粪,用蚌壳去接马尿。恰巧有蚊虻叮在马身上,爱马的人打蚊虻的时机没有掌握好，马就会受惊而咬断勒口，挣断辔头，弄坏胸络。本意是爱而结果却适得其反，可以不谨慎吗？”

点评

汉代的刘歆说道家出于史官，“历记成败、存亡、祸福、古今之道，然后知秉要执本，清虚以自守，卑弱以自持”。从老子所言“曲则全”之类，再证之以庄子所讲的这个故事，确实让人觉得刘歆所言有一定依据。自古伴君如伴虎，而刚直不阿的人总是遭殃。所以，老子教人不要刚直，不要求高位，不要夸耀等等，而庄子则教人不要螳臂当车，不要不柔顺。这确实有点滑头的味道。但是，狂风中大树会被吹折，小草却安然无恙；人也要收敛锋芒才不至于四处树敌，也是实情。

希言自然[1]。

故飘风不终朝[2]，骤雨不终日。孰为此者？天地。天地尚不能久，而况于人乎？故从事于道者，同于道；德者，同于德；失者，同于失。同于道者，道亦乐得之，同于德者，德亦乐得之；同于失者，失亦乐得之。

（二十三章）

【注释】

①希言：少说话。意为少发教令。

②飘风：疾风。

【译文】

少说话是合于自然的。

所以狂风刮不了一个早晨，暴雨下不了一整天。谁使它这样的？天地。天地都不能使狂暴长久，更何况是人呢？从事于"道"的，就同于"道"；从事于"德"的，就同于"德"，所作所为失"道"、失"德"的，也就同于失。同于"道"的人，"道"也乐于得到他；同于"德"的人，"德"也乐于得到他；同于失"道"、失"德"的，就会得到失"道"、失"德"的后果。

扩展阅读

郑人缓也呻吟于裘氏之地[1]。只三年而缓为儒，河润九里[2]，泽及三族，使其弟墨[3]。儒墨相与辩，其父助翟[4]。十年而缓自杀。其父梦之曰："使而子为墨者予也[5]。阖尝视其埌[6]，既为秋柏之实矣。"

夫造物之报人也[7]，不报其人而报其人之天[8]。彼故使彼[9]。夫人以己为有异于人以贱其亲，齐人之井饮者相捽也[10]。故曰今之世皆缓也。自是，有德者以不知也，而况有道者乎！古之谓遁天之刑[11]。

圣人安其所安[12]，不安其所不安；众人安其所不安，不安其所安。

庄子曰："知道易，勿言难。知而不言，所以之天也；知而言之，所以之人也。古之至人，天而不人。"

（《庄子·列御寇》）

【注释】

①呻吟：诵读。

②河润：像河水滋润土地。

③墨：成为墨家学人。

④翟（dí）：墨子名翟，此处代称墨家。一说为缓弟名。

⑤而：你。

⑥阖：怎么不。　埌（làng）：坟墓。

⑦报：赋予。

⑧不报其人而报其人之天：不是赋予其人形而是赋予其天性。

⑨彼故使彼：他的天性这样使他发展为这样。

⑩齐人之井饮者相捽（zuó）也：指掘井之齐人，认为自己有挖井之功而揪打饮水的人，不知道井水是天然的。比喻缓不知道弟弟天然成墨而恨之。

⑪遁：违背。

⑫所安：自然的安排。下文"所不安"表示人为的安排。

【译文】

有个名叫缓的郑国人在裘氏这个地方读书。只过了三年，缓便成了儒者，惠及众人，泽及三族，而让他的弟弟学墨者之学。两个人以所学相互辩论，他们的父亲站在墨家一边。十年后缓自杀了。他的父亲梦见他说："让你的儿子成为墨者的是我。为什么不到我的坟上去看看，上面种的秋柏已经结果子了。"

造物者赋予人的，不是赋予他人之形，而是赋予他人的天性。他的天性这样便让他发展为这样。缓认为自己与别人不同而贬损他的父亲，就像齐人掘井饮水便以为自己有挖井之功而揪打饮水的人一样。所以说现在的人都像缓一样。自以为是，有德的人认为是不明智的，更何况是有道的人呢！古时候认为这是违背自然的刑罚。

圣人安于自然，而不安于人为；众人则安于人为，不安于自然。

庄子说："知道容易，不说出来很困难。知道而不说，这是合于自然的；知道而说出来，这是合于人为的。古时的至人，合于自然而不合于人为。"

点 评

"希言自然"，深层的意思就是不要立法令、定制度；"飘风""骤雨"之说深层的意思是暴政不会长久。人做什么样的事情就会得到什么样的后果，行暴政的人将被暴力所推翻，桀纣的下场、秦的结局等，可资为证。治国之事，是"同于道者，道亦乐得之……"；日常行为，也是如此。缓以言辩得贵而泽润广远，也是因言辩而自杀。这并不是所谓的报应的问题，而是咎由自取。因此，当人得咎或遭遇灾殃的时候，不应该怪罪他人，而应当反思自己。

企者不立①，跨者不行②，自见者不明，自是者不彰，自伐者无功，自矜者不长。

（二十四章）

【注释】

①企：通“跂”，踮起脚跟。

②跨：跃，越，阔步而行。

【译文】

踮起脚跟的人站不牢，跨步前行的走不远，自我显示的反而不显明，自以为是的反而不彰著，自我夸耀的反而无功，自我炫耀的反而不长久。

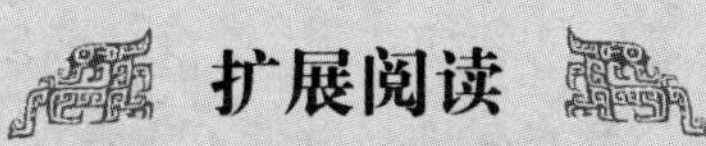

扩展阅读

阳子之宋，宿于逆旅①。逆旅人有妾二人，其一人美，其一人恶，恶者贵而美者贱。阳子问其故，逆旅小子对曰②：“其美者自美，吾不知其美也；其恶者自恶，吾不知其恶也。”阳子曰：“弟子记之！行贤而去自贤之行③，安往而不爱哉！”

（《庄子·山木》）

【注释】

①逆旅：旅馆。

②逆旅小子：旅店主人。

③行贤：德行美好。　自贤：自以为贤。

【译文】

阳子到宋国，住在旅馆里。旅馆主人有两个妾，一个漂亮，一个丑陋。丑陋的受尊宠，而漂亮的被冷落。阳子问这是什么原因，旅馆的主人回答说："漂亮的自认为漂亮，我并不觉得她漂亮；丑陋的自认为丑陋，我并不觉得她丑陋。"阳子说："弟子们记住！行为贤良而能没有自认为贤良的言行，到哪里不受人爱戴啊！"

点评

老子对"自见"与"明"、"自是"与"彰"、"自矜"与"长"的关系反复申述，在从反面讲了"不自见，故明"等之后，又从正面讲"自见者不明"等，可见这些问题在老子心目中的分量。在一定程度上，这些确实是立身处世的基本问题。通常，人们踮起脚跟站立，本来是想站得高一些，看得远一些；跨步前行本来是想走得快一些，到达目的地的时间短一些，结果却适得其反。人们也可能知道自己显示自己的才干、肯定自己的见识、夸耀自己的功劳、炫耀自己的所得，结果也是适得其反。但是，在行为上，可能还是会自觉不自觉地显示、夸耀。像旅舍主人的美妾，可能也知道不应该炫耀自己的美貌，然而，她还是难免有一点自美之心，在言行上难免也会表现出来。结果呢，她近旁的人倒不觉得她美了。因此，没有自见、自是、自伐、自矜之行并不那么容易，没有这种心就更难。如何才能去除自见、自是、自伐、自矜之心呢？按老子的教诲，可能首先是要去掉名利心。人之所以会显示、夸耀自己，很可能是要得名得利，想求个名、得点利、捞点权。美貌的人显示自己的美貌，无外乎是要博得个貌美之名，进而得到别人的喜爱。其次是要不争，就是没有争心。人之所以会有自见等行为，很大程度上是因为争心在作怪，总想与人一争短长。如果一个人没有争心，事事退避、处下，也就不会显示、夸耀自己了。再次就是要无我。人之所以有争心，归根结底还是有我，还是不能忘掉自己的存在。人如果能视名利如粪土，进而忘记自己的存在，与天地万物、芸芸众生融为一体，争心也就不会有了，自见等行为也就不会有了。

人法地[①]，地法天，天法道，道法自然。

（二十五章）

【注释】

①法：取法。

【译文】

人取法于地，地取法于天，天取法于"道"，"道"纯任自然。

扩展阅读

天地有大美而不言，四时有明法而不议[①]，万物有成理而不说。圣人者，原天地之美而达万物之理，是故至人无为，大圣不作，观于天地之谓也。

今彼神明至精[②]，与彼百化[③]，物已死生方圆，莫知其根也，扁然而万物自古以固存[④]。六合为巨，未离其内；秋毫为小，待之成体[⑤]。天下莫不沉浮[⑥]，终身不故[⑦]；阴阳四时运行，各得其序。惛然若亡而存[⑧]，油然不形而神[⑨]，万物畜而不知。此之谓本根，可以观于天矣。

（《庄子·知北游》）

【注释】

①明法：明显的规律。

②彼：天地。　神明：比喻大自然的灵妙。

③与（yù）：参与。　彼：万物。　百化：千变万化之意。

④扁然：翩然。

⑤之：指"道"。

⑥沉浮：升降，形容事物的变化。

⑦终身不故：终身没有不变的。故，同"固"，固定。

⑧惛（hūn）：暗昧的样子。

⑨油然：内含生机。

【译文】

天地有大美而不言语，四时有明显的规律而不议论，万物有生成的道理而不说话。圣人推原天地的大美而通晓万物的道理，因此至人顺任自然，大圣不妄加行动，这是取法天地的缘故。

天地灵妙无穷，事物千变万化，万物或死或生或方或圆，没有谁知道它们的本根，万物蓬勃生长，自古以来就存在着。六合是巨大的，却没有超出它的范围；秋毫是渺小的，也依靠它才能形成。天下万物无不沉浮变化，它们不会一直固定不变；阴阳四时运行，各有自己的顺序。暗暗昧昧仿佛不存在而实际存在着，自然产生不见形迹而有神妙的作用，万物受养育而不知道。这就称为“本根”，知道这个道理就可以观察天道了。

点 评

《老子》二十五章用非常简明的语言，描述至大无名的“道”，即：“有物混成，先天地生。寂兮寥兮，独立而不改，周行而不殆，可以为天下母。吾不知其名，强字之曰‘道’，强为之名曰‘大’，大曰逝，逝曰远，远曰反。故道大，天大，地大，人亦大，域中有四大，而人居其一焉。”最后归结为“人法地，地法天，天法道，道法自然”。道浑然而成，无声无形，具有绝对性和永存性，无所不至，循环运作，是天地万物的根本和源头。这样的存在无从命名，因为命名就意味着分别与割裂，比如我们给某个婴儿起个名字，就是要把他与其他婴儿区分开来。“道”不可以分别，不能从万物中割裂出来，所以“道”这个字与“大”这个名都是勉强赋予的，人也不应从“道”这个名字来求“道”，不能像平常通过喊一个孩子的名字而把他喊过来那样。但是，人能得“道”，也能取法于

“道”，这就是通过取法天地。取法天地，是中国传统哲学的一贯主张，如《易·系辞》讲“仰则观象于天，俯则察法于地，观鸟兽之文与地之宜，近取诸身，远取诸物”。不过，道家的取法天地，与儒家不同，不是从天地中看出尊卑上下，而是从天地的运行中得出自然之意，也就是自然而然的精神。由此而得出的与天合一，与儒家所谓“天人合一”也不相同，道家的主张乃是自然的冥合，而儒家的主张则是基于伦理的通同。

一一 重根返朴

重为轻根，静为躁君。是以君子行不离辎重[①]。虽有荣观[②]，燕处超然[③]。奈何万乘之君[④]，而以身轻天下？轻则失本，躁则失君。

（二十六章）

【注释】

①辎(zī)重：军中载器械粮食的车。

②荣观：指华丽的生活。荣，豪华，高大。观，台观。

③燕处：安居。

④万乘之君：大国君主。乘，兵车。“万乘”指拥有兵车万辆的大国。

【译文】

厚重为轻率的根本，清静是躁动的主宰。因此，君子整日行动而不离开辎重。虽然有华丽的生活，而安居泰然。为什么身为大国的君王，还轻率躁动以治天下呢？轻率就丢掉了根本，躁动就失去了主宰。

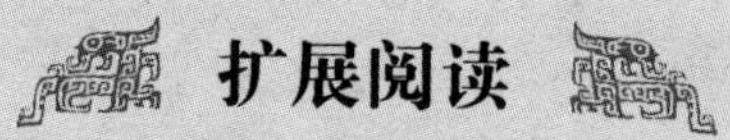

扩展阅读

韩与魏相争侵地。子华子见昭僖侯[①]，昭僖侯有忧色。子华子曰：

“今使天下书铭于君之前[2]，书之曰：‘左手攫之则右手废[3]，右手攫之则左手废，然而攫之者必有天下。’君能攫之乎？”

昭僖侯曰：“寡人不攫也。”

子华子曰：“甚善！自是观之，两臂重于天下也，身又重于两臂。韩之轻于天下亦远矣，今之所争者，其轻于韩又远。君固愁身伤生以忧戚之不得也！”

僖侯曰：“善哉！教寡人者众矣，未尝得闻此言也。”子华子可谓知轻重矣。

（《庄子·让王》）

【注释】

①子华子：魏国贤人。

②书：书写。　铭：铭记。

③攫(jué)：抓取。　废：废弃。此指砍断。

【译文】

韩国和魏国互相侵略、争夺土地。子华子见到韩昭僖侯，昭僖侯面带忧愁。子华子说：“现在让天下的人在您的面前立下誓约，誓约说：‘左手夺到它则右手残废，右手夺到它则左手残废，然而夺到它的人一定可以得到天下。’您能去夺取它吗？”

昭僖侯说：“我不去夺取。”

子华子说：“很好！由此看来，两只手臂比天下重要，身体又比两臂重要。韩国远轻于天下，现在所争夺的，更是远轻于韩国。您何必愁苦身体损伤生命而忧虑得不到呀！”

僖侯说：“好啊！劝说我的人很多，还没有听到这样的话。”子华子可以说知道轻重了。

点 评

有人曾说老子所讲的乃是君人南面之术,并不是没有根据。老子讲道理的时候,总喜欢拿帝王来说事。这里讲的重能御轻、静能制动,是平常之理,然而老子接着讲的却是君王应该怎么样。究其原因,可能有二:一是老子曾为史官,而史官所记所闻,多为帝王将相之事;二是帝王的行为对天下的影响较普通人要大得多,平常百姓轻举妄动,不过是自己遭殃罢了,而帝王轻举妄动,则有无数百姓遭殃。就此而言,以君人南面之术概括老子学说有失偏颇。我们也不应将《老子》看作帝王之宝典,而应视其为智慧之宝库。老子讲的“轻则失根,躁则失君”,统治者们当引以为戒,普通民众也应切记在心。至于子华子所说的道理,更是如此。

圣人常善救人，故无弃人；常善救物，故无弃物。是谓袭明[①]。

（二十七章）

【注释】

①袭：承袭，有保持、含藏的意思。　明：了解“道”的智慧。

【译文】

有道之人经常善于挽救人，所以没有被遗弃的人；经常善于挽救物，所以没有被遗弃的物。这就叫含藏着了解“道”的智慧。

扩展阅读

大王亶父居邠[①]，狄人攻之。事之以皮帛而不受，事之以犬马而不受，事之以珠玉而不受，狄人之所求者土地也。大王亶父曰：“与人之兄居而杀其弟，与人之父居而杀其子，吾不忍也。子皆勉居矣！为吾臣与为狄人臣奚以异！且吾闻之，不以所用养害所养[②]。”因杖策而去之[③]。民相连而从之[④]，遂成国于岐山之下[⑤]。夫大王亶父，可谓能尊生矣。能尊生者，虽贵富不以养伤身，虽贫贱不以利累形。今世之人居高官尊爵者，皆重失之，见利轻亡其身，岂不惑哉？

（《庄子·让王》）

【注释】

①大（tài）王亶（dǎn）父：周文王的祖父。　邠（bīn）：古代地名。在今陕西省境内。

②所用养：土地。　所养：人民。

③杖策：持鞭，指驱马而行。

④相连:连,古文"辇"字。辇,古时用人拉的车。

⑤岐山:在今陕西岐山县。

【译文】

大王亶父居住在邠地,狄人攻打他。大王亶父送给他们兽皮财帛,他们不接受;送给他们犬马牲畜,他们不接受;送给他们珍珠宝玉,他们不接受;狄人想要的是土地。大王亶父说:"和人的哥哥住在一起而使他的弟弟被杀害,和人的父亲住在一起而使他的儿子被杀害,我不忍心这样做。你们都勉力求生吧!做我的臣民和做狄人的臣民又有什么不同!而且我听说,不能因为土地而使百姓被杀害。"于是执鞭驱马离开邠地。百姓推着车跟着走,于是在岐山之下形成了一个国家。像大王亶父这样,可以说是能够尊重生命的了。能够尊重生命的人,即使富贵也不因养育生命的东西而伤害身体,即使是贫贱也不因利禄祸害形躯。现在身居高官尊爵的人,都非常担心失去它们,见到利禄就不顾自己的性命,难道不是迷惑吗?

点 评

"常善救人",有一种理解说是善于教化人。这种说法不能说不对,但还是从儒家的角度来看的,而道家是不讲教化的。"救人"的"救"字,其实译成挽救也并不妥当。准确的翻译,其实就是大王亶父的这种行为,但难以用一两个字来传达。"救物"的"救"字也是如此。"救人",首先要平等地看待一切人,即认识到"善人者,不善人之师;不善人者,善人之资";不管是善人还是不善的人,都各有所用、各有所能,不能因善人而舍弃不善的人,也不能因不善的人而疏远善人。如果不能平等地看待一切人,那么必然会有"弃人"的情况,也就谈不上善于救人了。比如大王亶父就可以让恶人、罪人去与狄人打仗。但是，他没有让任何人去打仗，因为他有儒家所谓的“不忍人之心”，更有平等看待一切人的心。其次就是要“尊生”，也就是尊重生命。“救物”也是这样。善于“救人”“救物”的人，别人也就自然愿意跟他在一起。大王亶父不愿意为了土地而牺牲百姓的生命，策马扬鞭而去，百姓也就愿意跟随。《三国演义》中的刘备也有相似的情况，他不愿意放弃百姓，百姓也就拥戴他。

知其雄[①]，守其雌[②]，为天下谿[③]。为天下谿，常德不离，复归于婴儿。知其白[④]，守其辱[⑤]，为天下谷。为天下谷，常德乃足，复归于朴。

（二十八章）

【注释】

①雄：雄强，躁进。

②雌：柔静，卑下。

③谿(xī):溪涧。
④白:洁白明亮。
⑤辱:污黑。

【译文】

知道自己雄强,却执守雌弱,而为天下的溪涧。成为天下的溪涧,常"德"就不会离失,而复归到婴儿的状态。深知明亮,却安于暗昧,而为天下的川谷。成为天下的川谷,常"德"才可以充足,而复归到真朴的状态。

扩展阅读

楚昭王失国[①],屠羊说走而从于昭王[②]。昭王反国,将赏从者,及屠羊说。屠羊说曰:"大王失国,说失屠羊;大王反国,说亦反屠羊。臣之爵禄已复矣,又何赏之有哉?"

王曰:"强之[③]。"

屠羊说曰:"大王失国,非臣之罪,故不敢伏其诛;大王反国,非臣之功,故不敢当其赏。"

王曰:"见之[④]。"

屠羊说曰:"楚国之法,必有重赏大功而后得见,今臣之知不足以存国而勇不足以死寇。吴军入郢[⑤],说畏难而避寇,非故随大王也[⑥]。今大王欲废法毁约而见说,此非臣之所以闻于天下也。"

王谓司马子綦曰[⑦]:"屠羊说居处卑贱而陈义甚高,子其为我延之以三旌之位[⑧]。"

屠羊说曰:"夫三旌之位,吾知其贵于屠羊之肆也[⑨];万钟之禄,吾知其富于屠羊之利也;然岂可以贪爵禄而使吾君有妄施之名乎!说不敢当,愿复反吾屠羊之肆。"遂不受也。

(《庄子·让王》)

【注释】

①失国:丧失国家。

②屠羊说(yuè):屠羊者名说,因从事屠羊业,故名。　走:逃。

③强(qiǎng):强迫。

④见:召见。

⑤郢(yǐng):楚国国都。

⑥故:有心。

⑦司马:官名。　子綦(qí):人名。

⑧延:请。　三旌:三公。

⑨肆:店铺。引申为屠羊之业。

【译文】

楚昭王丧国,屠羊说跟着昭王逃亡。昭王返国之后,要赏赐跟着他一起逃亡的人,轮到了屠羊说。屠羊说说:"大王丧国,我失掉了屠羊的工作;大王返国,我也回来屠羊。我的爵禄已经恢复了,又有什么需要赏赐的呢?"

昭王说:"强令他接受。"

屠羊说说:"大王丧国,不是我的罪过,所以不愿被诛杀而跟着逃跑;大王返国,不是我的功劳,所以不敢接受赏赐。"

昭王说:"让他来见我。"

屠羊说说:"楚国的法令,必定有厚重的赏赐和大的功劳才能晋见,现在我的才智不足以保存国家,而勇气不足以歼灭敌寇。吴军攻入郢都,我是畏惧危难而逃避敌寇,并不是有意要跟随大王。现在大王要废毁约法而召见我,这不是我愿意传闻于天下的事。"

昭王对司马子綦说:"屠羊说身处卑贱而讲的道理非常高明,你替我请他任三公的职位。"

屠羊说说:“三公的职位，我知道它比屠羊的职业尊贵;万钟的俸禄,我知道它比屠羊的利益丰富;但是我怎么能贪图爵禄而使君王有胡乱施赏的名声呢！我不敢接受,希望回到我屠羊的铺子里去。”于是就没有接受。

点评

老子认为,天地之间一切事物都在循环不已的运动之中,刚强、雄壮的事物都要被摧毁,而柔弱的事物反而能保全。所谓“人之生也柔弱,其死也坚强。草木之生也柔脆,其死也枯槁。故坚强者死之徒,柔弱者生之徒。是以兵强则灭,木强则折”(七十六章)。因此,人需要知道雄强,但应执守雌弱;知道显明,而应韬光晦迹。这样才能长久,才能让天下归附。屠羊说知道三旌的位置要高于屠羊的职业,也知道万钟之禄高于屠羊的利润,但是他却不接受。他没有功名利禄之心,既认为无功不能受禄,也不想为名利所累。知道荣显的好,而安于贫贱,这样的人是难能可贵的。

朴散则为器[①],圣人用之,则为官长。故大制不割。

(二十八章)

【注释】

①器:物,指万物。

【译文】

万物的真朴散而为万物,圣人用真朴,则为百官之长。所以,完善的政治是不割裂的。

扩展阅读

昔者舜问于尧曰:“天王之用心若何[①]?”

尧曰:“吾不敖无告[②],不废穷民,苦死者[③],嘉孺子而哀妇人[④]。此吾所以用心已。”

舜曰:“美则美矣,而未大也。”

尧曰:“然则若何?”

舜曰:“天德而出宁[⑤],日月照而四时行,若昼夜之有经[⑥],云行而雨施矣。”

尧曰:“胶胶扰扰乎[⑦]! 子,天之合也;我,人之合也。”

夫天地者,古之所大也,而黄帝尧舜之所共美也。故古之王天下者,奚为哉? 天地而已矣。

(《庄子·天道》)

【注释】

①天王:即天子。

②不敖无告:不侮慢有苦无处诉的人。敖,同“傲”,傲慢。

③苦：悲悯。

④嘉：喜爱。

⑤天德：自然之德。　出宁：呈现宁静。

⑥经：规律。

⑦胶胶：形容扰乱。

【译文】

从前舜问尧说："天子的用心怎么样？"

尧说："我不侮慢有苦无处诉的人，不舍弃贫穷的人，喜爱小孩而怜悯妇女。这是我的用心所在。"

舜说："好是很好，但不够博大。"

尧说："那么要怎么样呢？"

舜说："有自然之德的人总显出宁静无为的状态，日月照耀天地而四时运行，像昼夜有常，云聚而雨降一样。"尧说："纷纷扰扰啊！你冥合于自然，我只是符合人事。"

天地自古以来就是最博大的，而为黄帝、尧、舜所共同赞颂。所以，古时治理天下的人，做了些什么呢？顺应天地罢了。

点评

朴，本意是没有经过雕琢的木头。这样的木头只有经过雕琢之后才能做成器皿。同理，万物的本来面目被毁坏之后，才能为人所用。深山中的老虎，人是不能够役使它的，只有关起来驯养之后，人才能用它来表演。所以，人役用万物的过程，其实是破坏万物自然样态的过程。人和万物，从本性上来讲，都不愿被干扰和破坏，因而有道的人抱真守朴，就为人与万物所尊崇，而能成为百官的首领。其实，这也只是从理论上讲的，在现实中，成为百官首领也就是帝王或侯王的人，很少有不经过或明或暗的争斗而自然成为百官首领的。老子讲抱真守朴的道理，并不是不知道现实中的这种争斗，而是希望消弥争斗，更希望为政的人不要扰民、欺民太甚。所谓“大制不割”，就是希望为政的人不要设施造作，而行无为政治。设施造作，即使像尧那样爱民，也不是最高明的为政方略。不过，人类社会毕竟不同于自然世界，政治家也不可能像天地日月那样无所用心。“大制不割”，也许只能作为一种理想的目标而已。

一二　息事偃兵

将欲取天下而为之[①]，吾见其不得已[②]。天下神器[③]，不可为也，为者败之，执者失之。

（二十九章）

【注释】

①为：治理，强力去做。

②不得：不可得。　已：语气助词。

③神器：神圣之物。

【译文】

将要为天下之主而以有为治民，我看是得不到民心的。天下是神圣的东西，不可以有为，有为的人一定会失败，坚持有为一定会失掉天下。

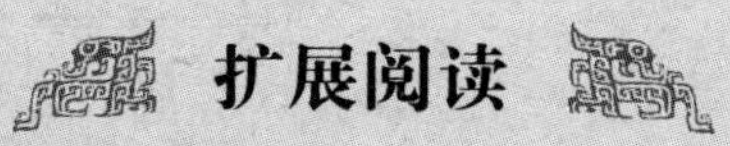

扩展阅读

崔瞿问于老聃曰[①]："不治天下，安臧人心[②]？"

老聃曰："汝慎，无撄人心[③]。人心排下而进上[④]，上下囚杀[⑤]，淖约柔乎刚强[⑥]。廉刿雕琢[⑦]，其热焦火，其寒凝冰。其疾俯仰之间而再抚四海之外[⑧]，其居也渊而静，其动也悬而天。偾骄而不可系者[⑨]，其唯人心乎！昔者黄帝始以仁义撄人之心，尧舜于是乎股无胈[⑩]，胫无毛[⑪]，以养天下之形[⑫]，愁其五脏以为仁义[⑬]，矜其血气以规法度[⑭]。然犹有不胜也，尧于是放讙兜于崇山[15]，投三苗于三峗[16]，流共工于幽都[17]，此不胜天下也。夫施及三王而天下大骇矣[18]。下有桀、跖，上有曾、史，而儒墨毕起。于是乎喜怒相疑，愚知相欺，善否相非[19]，诞信相讥，而天下衰矣。大德不同，而性命烂漫矣[20]；天下好知，而百姓求竭矣[21]。于是乎斤锯制焉[22]，绳墨杀焉[23]，椎凿决焉[24]。天下脊脊大乱[25]，罪在撄人心。故贤者伏处大山嵁岩之下[26]，而万乘之君忧栗乎庙堂之上。今世殊死者相枕也[27]，桁杨者相推也[28]，刑戮者相望也，而儒墨乃始离跂攘臂乎桎梏之间[29]。噫，甚矣哉！其无愧而不知耻也甚矣！吾未知圣知之不为桁杨接槢也[30]，仁义之不为桎梏凿枘也[31]，焉知曾、史之不为桀、跖嚆矢也[32]！故曰：'绝圣弃知，而天下大治。'"

（《庄子·在宥》）

【注释】

①崔瞿(qú)：虚拟人物。

②臧：善。

③撄(yīng)：扰乱，触动。

④排下：因受到排挤而精神消沉。　进上：因受到推崇而精神振奋。

⑤囚杀：拘囚杀害。

⑥绰(chuò)约：柔弱的样子。

⑦廉：借作"劆"，刺。　刿(guì)：割。

⑧疾：迅速，快。　抚：触摸，亲临。

⑨偾(fèn)骄：不可禁之势。

⑩股：大腿。　胈(bá)：大腿上的细毛。

⑪胫(jìng)：小腿。

⑫天下之形：天下的人体。

⑬愁：忧愁。

⑭矜：苦。　血气：指精力。　规：建立，规范。

⑮放：放逐，流放。　讙(huān)兜：传说是帝鸿氏之子，为共工

同党。　崇山：地名，传说在当时中原之地的南陲。

⑯投：投放。　三苗：又称饕餮，尧时诸侯，封三苗之国。三苗之国在今湖南省境内。　三峗(wéi)：山名，也作“三危”，在今甘肃天水一带。

⑰共工：名穷奇，与谨兜、饕餮等同党。　幽都：也写作“幽州”，在今北京密云境内。

⑱施(yì)：延，延续。　三王：指夏商周三代国君。

⑲否(pǐ)：恶，坏。

⑳烂漫：散漫，指受到伤害。

㉑求竭：无以供其求。

㉒斤：斧。

㉓绳墨：指理法，刑法。

㉔椎凿：指刑具。　决：断，裂。

㉕脊脊：犹“藉藉”，互相残踏。

㉖伏处：隐居。　嵁(kān)岩：深岩。

㉗殊死：断头而死，身处异处。

㉘桁(héng)杨：加在颈上和脚上的刑具。　相推：互相拥挤。

㉙离跂：翘足。　攘臂：举手袒臂。　桎梏(zhìgù)：脚镣手铐。

㉚椄槢(jiēxí)：接合枷锁的横木。

㉛凿枘(ruì)：用来固定枷锁的榫眼和榫头。

㉜嚆(hāo)矢：响箭。喻先声。

【译文】

崔瞿问老聃说：“不治理天下，怎么使人心向善呢？”

老聃说：“你千万不要扰乱人心。人心，压抑它就消沉；推进它就好高骛远；心志的消沉和好高骛远之间会互相拘囚、杀伤，而柔美的心志可以柔化刚强。人心饱受折磨时，便焦躁如烈火，忧恐如寒冰。人心变化非常之快，顷刻之间可以往来于四海之外，安稳的时候深沉而寂静，跃动的时候则悬腾而高飞。强傲而不可羁勒的，只有人心啊！从前黄帝开始用仁义扰乱人心，于是尧舜劳累得腿上的毛都掉光了，来供养天下人的形躯，愁劳心思去行仁义，耗费心血去规定法度。然而这样还是不能改变人心使之向善，于是尧将讙兜放逐到崇山，将三苗投置到三峗，把共工流放到幽州，这样也没有治理好天下。等到了三王的时代，天下更是大受惊骇。下有夏桀、盗跖之类的恶人，上有曾参、史鳍之类所谓善人，而儒者墨徒都兴起于世。于是乎喜怒互相猜疑，愚智互相欺骗，善恶互相非议，荒诞真实互相讥讽，而天下的风气衰颓了。大德不一致，而性命的情理散乱了；天下爱好智巧，而百姓多纠葛了。于是就设置了斤锯、绳墨、椎凿之类的刑具来制裁、击杀和处决人。天下纷纷大乱，罪责就在于扰乱人心。因此，贤才隐遁在高山深岩之中，而大国君主忧惧于朝廷之上。当今世上被处死的人尸体堆积如山，戴着刑具的人连连不断，受刑遭戮的人满眼都是，而儒墨之徒开始奋力呼嚷于枷锁之间。唉，太过分了！他们这样无愧而不知羞耻也太过分。我不知道所谓圣知不是镣铐上的楔木，仁义不是枷锁的孔枘，又怎么知道曾参、史鳍不是夏桀、盗跖的先声呢！所以说：'灭绝圣人，抛弃智慧，天下就太平了。'”

点　评

从历史上看，凡是有意特别是带着某种理想去治理国家，都很容易出问题。对此，现代西方的政治学家有比老子更详尽的论述。比如强调“自生自发”秩序的现代政治学家海耶克，在其《通往奴役之路》一书里就很透彻地分析了政治家出于某种理想而干预社会的政治经济发展所带来的灾难性后果。20世纪人类社会所发生的种种灾难和不幸也证明了不能“取天下而为之”，不管这种“为”是出于善良的愿望，还是恶意的狂想。然而，执意推行某种理想不可取，“无为而治”也同样有问题。这就是崔瞿所问的，不治理天下，怎么能使人心向善呢？换成现在的问题就是：不强调社会道德、理想信念，那人不就会堕落了吗？对这个问题，老子和庄子都没有正面回答。老子和庄子对人心恶的一面有深刻的认识，对如何防止人为恶也有洞见，但对如何引导人向善这个问题却很反感。究其实，按照老子和庄子的看法，善必然带来恶，引导人向善的过程恰恰就是引导人为恶的过程。

以道佐人主者，不以兵强天下。其事好还[①]。师之所处[②]，荆棘生焉。

（三十章）

【注释】

①还：还报，报应。

②师：军队。

【译文】

用道辅佐君主的人，不靠兵力逞强于天下。用兵这件事一定会得到还报。军队所到之处，荆棘就长满了。

扩展阅读

徐无鬼见武侯，武侯曰："先生居山林，食芧栗[①]，厌葱韭，以宾寡人[②]，久矣夫！今老邪？其欲干酒肉之味邪[③]？其寡人有社稷之福邪？"

徐无鬼曰："无鬼生于贫贱，未尝敢饮食君之酒肉，将来劳君也[④]。"

君曰："何哉，奚劳寡人？"

曰："劳君之神与形。"

武侯曰："何谓邪？"

徐无鬼曰："天地之养也一，登高不可以为长[⑤]，居下不可以为短。君独为万乘之主，以苦一国之民，以养耳目鼻口，夫神者不自许也[⑥]。夫神者，好和而恶奸。夫奸，病也，故劳之。唯君所病之，何也？"

武侯曰："欲见先生久矣。吾欲爱民而为义偃兵，其可乎？"

徐无鬼曰："不可。爱民，害民之始也；为义偃兵，造兵之本也。君自此为之，则殆不成。凡成美，恶器也。君虽为仁义，几且伪哉！形固造形，成固有伐，变故外战。君亦必无盛鹤列于丽谯之间[⑦]，无徒骥于锱坛之宫[⑧]，无藏逆于得，无以巧胜人，无以谋胜人，无以战胜人。夫杀人之士民，兼人之土地，以养吾私与神者，其战不知孰善？胜之恶乎在？君若勿已矣，修胸中之诚，以应天地之情而勿撄。夫民死已脱矣，君将恶乎用夫偃兵哉！"

（《庄子·徐无鬼》）

【注释】

①芧(xù)栗:小栗。

②宾:同"摈",摒弃。

③干:求。

④劳:慰问。

⑤高:高贵的地位。下文"下"与之相对,指低下的地位。

⑥神者:心神。

⑦鹤列:陈兵,古代兵法阵形,如鹤群飞在高空。 丽谯(qiáo):高楼。

⑧徒骥:步卒骑兵。

【译文】

徐无鬼去见魏武侯,魏武侯说:"先生住在山林之中,食栗子,吃葱韭,以摒弃寡人,很久了!现在老了吗?还是想求酒肉的滋味呢?或者我的国家有福了?"

徐无鬼说:"我出生于贫贱,未曾敢吃喝您的酒肉,是来慰问您的。"

武侯说:"为什么呀?怎样来慰问我?"

徐无鬼说:"慰问您的精神和形体。"

武侯说:"你说的是什么意思呀?"

徐无鬼说:"天地的养育是均等的,在上位的不能认为就尊贵,在下位不能认为就卑贱。您独为万乘的君主,而劳苦一国的人民,以供养您的耳目鼻口,弄得心神不自得。心神是喜欢和谐而厌恶偏私的。偏私,是病,所以来慰问您。只是您犯了这种病,为什么呢?"

武侯说:"想见先生很久了。我想爱民而为义息兵,可以吗?"

徐无鬼说:"不可以。爱民,是害民的开始;为义息兵,是兴兵的本原。您从这里着手，大概不会有成效。凡成就美名的，就是作恶的工具。您虽然行仁义，却近乎伪诈啊！有仁义的形迹就会造成仿造仁义的形迹，有成就就会自我夸耀，有变乱就会造成外战。您一定不要陈兵于高楼之间，不要集聚兵马在锱坛宫内，不要背理去贪求，不要以巧诈去胜人，不要用谋略去胜人，不要用战争去胜人。屠杀别人的士兵与民众，兼并他国的土地，以满足自己的私欲和心神，这样的战争不知道有什么好处，所谓的胜利又在哪里？您不如止息外在欲求，修养内心的真诚，顺应天地的自然而不扰动他物。民众都能免于死亡，您还何必讲息兵啊！”

点 评

老子处在一个战伐不止的时代，是战争的强烈反对者。他认识到战争所带来的除了破坏之外，并没有别的东西；用兵力征服人的后果，是没有止境的冤冤相报。庄子也反对战争，同时也更深刻地讲到怎样才能息兵。有人打着爱民的旗号息兵止伐，这似乎是息战的最佳理由。然而，庄子看到，打着爱民旗号而息兵，恰恰是兴兵的根源。

夫兵者，不祥之器，物或恶之[①]，故有道不处。君子居则贵左，用兵则贵右。兵者不祥之器，非君子之器，不得已而用之，恬淡为上[②]。胜而不美[③]，而美之者，是乐杀人。夫乐杀人者，则不可得志于天下。

（三十一章）

【注释】

①物或恶（wù）之：鬼神都厌恶它。物，鬼神。恶，厌恶。

②恬（tián）淡：宁静安适。

③美：以之为好事，赞美。

【译文】

兵革是不祥的东西，连鬼神都厌恶它，所以有道的人不使用。君子平时居处以左方为贵，用兵的时候则以右首为贵。兵革是不祥的东西，不是君子所用的东西，迫不得已而使用它，也要淡然处之。战胜了也不要认为是好事，而认为是好事，就是喜欢杀人。喜欢杀人的人，就不可能实现统治天下的愿望。

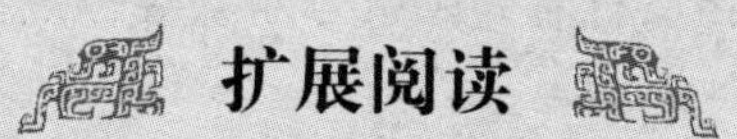

扩展阅读

魏莹与田侯牟约[①]，田侯牟背之，魏莹怒，将使人刺之。

犀首公孙衍闻而耻之曰[②]："君为万乘之君也，而以匹夫从仇[③]！衍请受甲二十万，为君攻之。虏其人民，系其牛马，使其君内热发于背，然后拔其国。忌也出走[④]，然后抶其背[⑤]，折其脊。"

季子闻之而耻之曰[⑥]："筑十仞之城[⑦]，城者既十仞矣，则又坏之，此胥靡之所苦也[⑧]。今兵不起七年矣，此王之基也。衍乱人，不可听也。"

华子闻而丑之曰[⑨]："善言伐齐者，乱人也；善言勿伐者，亦乱人也；谓之伐之与不伐乱人也者，又乱人也。”

君曰：“然则若何？”

曰：“君求其道而已矣！”

惠子闻之而见戴晋人[10]。戴晋人曰：“有所谓蜗者，君知之乎？”

曰：“然。”

“有国于蜗之左角曰触氏[11]，有国于蜗之右角曰蛮氏，时相与争地而战，伏尸数万，逐北旬有五日而后反[12]。”

君曰：“噫！其虚言与？”

曰：“臣请为君实之[13]。君以意在四方上下有穷乎[14]？”

君曰：“无穷。”

曰：“知游心于无穷，而反在通达之国[15]，若存若亡乎？”

君曰：“然。”

曰：“通达之中有魏，于魏中有梁[16]，于梁中有王。王与蛮氏，有辩乎[17]？”

君曰：“无辩。”

客出而君惝然若有亡也[18]。

客出，惠子见。君曰：“客，大人也，圣人不足以当之。”

惠子曰：“夫吹管也，犹有嗃也[19]。吹剑首者[20]，吷而已矣[21]。尧舜，人之所誉也。道尧舜于戴晋人之前，譬犹一吷也。”

（《庄子·则阳》）

【注释】

①魏莹：魏惠王，名莹。　田侯牟：疑指齐威王。

②犀首：官名，相当于后世的虎牙将军。　耻之：以之为耻。

③匹夫：无官职的一般百姓。　从仇：报仇。

④忌：齐将田忌。

⑤抶（chì）：鞭打。

⑥季子：魏国贤臣。

⑦仞：七尺或八尺为一仞。

⑧胥靡：服役的人。

⑨华子：卫国贤臣。　丑之：以之为丑。

⑩惠子：宋国人，姓惠名施，庄子的朋友，先秦名家代表。书中惠施与庄子的故事，多为寓言性质，并不真正反映惠施思想。见：引见。　戴晋人：得道者。

⑪触氏：与下文“蛮氏”皆为虚拟国名。“触氏”喻争，“蛮氏”喻蠢。

⑫逐北：追逐败逃之人。逐，追逐。北，败北，败逃。

⑬实之：证实此话。

⑭在：察。

⑮反在：反察，反观。　通达之国：指人马舟车所能到达的地方。

⑯梁：魏国都城，今河南开封。

⑰辩：通“辨”，区别。

⑱惝(chǎng)然：恍惚不定的样子。

⑲嗃(xiāo)：宏亮而悠长的声音。

⑳剑首：指剑柄上端环状小孔。

㉑吷(xuè)：细微的声音。

【译文】

魏莹与田侯牟缔结盟约，田侯牟违背盟约，魏莹就要派人去刺杀他。

将军公孙衍听了而感到耻辱，就说：“君为大国的国君，却用匹夫的手段来报仇！我请您给我甲兵二十万，为您攻打他。俘虏他的人民，掠取他的牛马，使他的君主内心焦急而病发于背，然后拔取他的国家。田忌也战败逃亡，然后鞭打他的脊背，折断他的脊梁。”

季子听了而感到耻辱，就说：“垒筑十仞高的城墙，城墙已经十仞高了，而又毁坏它，这是徒役者所苦的事。现今已有七年不打仗了,这是王业的基础。公孙衍是个好乱的人,不能听他的。”

华子听了而感到羞愧,就说:“花言巧语说要讨伐齐国的人,是好乱的人;花言巧语说不要讨伐齐国的,也是好乱的人;讲主张讨伐齐国和不主张讨伐齐国的人是好乱的人的,也是好乱的人。”

君王说:“那么该怎么办?”

华子说:“君王求清静之道就是了!”

惠子听了之后就引见了戴晋人。戴晋人说:“有名叫蜗牛的东西,君王知道吗?”

君王说:“知道。”

戴晋人说:“蜗牛的左角有个国家触氏,右角有个国家叫蛮氏,常常为了争夺土地而打仗,死亡数万,追逐败军十五天才回来。”

君王说:“噫!这是虚话吗?”

戴晋人说:“臣请为君证实它。君主认为上下四方有穷尽吗?”

君王说:“没有穷尽。”

戴晋人说:“知道游心于无穷的境域,而返回于通达之国,好像若有若无吗?”

君王说:“是的。”

戴晋人说:“通达之国中有魏国,魏国有梁,在梁中有君王。君王和蛮氏,有分别吗?”

君王说:“没有分别。”

戴晋人告辞出来而君王怅然若有所失。

客人出来,惠子进见。君王说:“客人,是大人啊,圣人也不足以和他相提并论。”

惠子说："吹管的，还有宏亮的声音；吹剑首的，只有一丝小声而已。尧舜，是人们所赞誉的。在戴晋人面前讲尧舜，就好比一丝小声罢了。"

点评

老子反对战争，但也看到要彻底消除战争是不可能的，于是就劝人对战事淡然处之。不管是什么样的战争，战胜了都不要认为是好事，否则，就是喜欢杀人。庄子则将人类的战争形容成"蜗角之争"，既然是蜗角之争，就没有必要，不管基于什么原因，也都不要去讲战与不战。就此而言，庄子反战的立场要比老子更加坚定。然而，要是按照现在将战争分成正义与不正义两类的话，老子的立场还算可取，庄子的立场就值得思索。

一三 守道任化

道常无名，朴[①]。虽小，天下莫能臣也。侯王若能守之，万物将自宾[②]。天地相合，以降甘露，民莫之令而自均[③]。

（三十二章）

【注释】

①朴：质朴。

②自宾：自将宾服于“道”。

③莫：无需。　令：指令，号令。

【译文】

道永远是没有名称，质朴自然的。它虽然幽微，但天下谁也不能臣服它。侯王如果能守住它，万物就会自然宾服。天地相交合，就降下甘露，人们不必指使它，它就会自然均匀。

扩展阅读

北宫奢为卫灵公赋敛以为钟[①]，为坛乎郭门之外[②]，三月而成上下之县[③]。

王子庆忌见而问焉[④]，曰：“子何术之设[⑤]？”

奢曰：“一之间[⑥]，无敢设也。奢闻之，‘既彫既琢[⑦]，复归于朴。’侗乎其无识[⑧]，傥乎其怠疑[⑨]；萃乎芒乎[⑩]，其送往而迎来；来者勿禁，往者勿止。从其强梁[11]，随其曲傅，因其自穷[12]，故朝夕赋敛而毫毛不挫，而况有大涂者乎[13]？”

（《庄子·山木》）

【注释】

①北宫奢：卫国大夫，复姓北宫。　赋敛：这里指类似摊派的一种募捐活动。　钟：古乐器名，多设于祭坛。

②坛：祭坛。　郭：外城。

③上下之县(xuán)：上下两层钟架。县，吊挂钟器的架子。

④王子庆忌：周大夫，为周之王族，故冠以“王子”之称。

⑤设：筹划，设计。

⑥一之间：处在精诚专一，遵循自然的境界里。一，专一。

⑦彫(diāo)：通“雕”。

⑧侗(tóng)乎：纯朴无知的样子。

⑨傥(tǎng)乎：忘却心智的样子。　怠疑：摒退各种思虑，从容不疑。

⑩萃：聚。　芒：同“茫”，分辨不清。

⑪强梁：不顺从的。

⑫因：遵循，依照。

⑬大涂：即大道。涂，通“途”。

【译文】

北宫奢为卫灵公募捐铸钟，在城门外设置了一个坛，三个月就完成了上下两层钟架。

王子庆忌见到这种情况就问他说：“你用了什么办法？”

北宫奢说：“我只是专心致志铸钟，没有什么诀窍。我听说，‘既已雕刻琢磨，现在要复归于真朴。’我淳朴而无知无识，无心而不急于求成；任大家聚集在一起，送往迎来不加分辨；来的不拒绝，走的不禁止。不愿意捐献的听其自便，不愿意赞助的随其自然，听任各人依着自己的能力，所以朝夕募款而民众丝毫不受损伤，何况有大道的人呢？”

点评

道是宇宙万物的大本大宗，所谓“小”并不是指道的形式与功能，而是说道幽隐而不可见、不可闻。我们通常所讲的极小的东西，如细菌之类，人的肉眼是看不到的。所以，“小”与至精无形是相通的。如果从道的功能的角度来理解“小”，则可以理解为道精微而无所不入。道，无所不包，可以说“大”；精微无所不入，则可以说“小”。道无所不包，无所不入，都是自然而然。万物依从于道，也是自然而然。所以，侯王如果能守道不失，万物也将自然宾服。同时，道对万物也是平等相待，如天降甘露，周遍均匀。这种平等的思想，在《老子》中时有体现。不过，老子所强调的不是平等，而是自然。庄子的平等思想强烈一些，但也是以自然为本。北宫奢募捐铸钟一事，所体现的也是自然而为的精神。北宫奢没有强迫人们捐款捐物，更没有滥用威权，而是听人自便，用现在的话说，就是充分发挥人的自觉性与自愿性，效果很好。

始制有名[①]，名亦既有，夫亦将知止，知止可以不殆[②]。

（三十二章）

【注释】

①始制有名：意思是万物兴作，于是产生了各种名称。始，指万物的开始。制，作。

②止：禁止，限度。　不殆：没有危险。

【译文】

万物兴作就产生了各种名称，既然有了各种各样的名称，就要知道有个限度，知道有个限度就不会有危险。

扩展阅读

尧治天下，伯成子高立为诸侯[①]。尧授舜，舜授禹，伯成子高辞为诸侯而耕。禹往见之，则耕在野。禹趋就下风[②]，立而问焉，曰："昔者尧治天下，吾子立为诸侯。尧授舜，舜授予，而吾子辞为诸侯而耕，敢问其何故也？"

子高曰："昔尧治天下，不赏而民劝[③]，不罚而民畏。今子赏罚而民且不仁，德自此衰，刑自此立，后世之乱自此始矣。夫子阖行邪[④]？无落吾事！"挹挹乎耕而不顾[⑤]。

（《庄子·天地》）

【注释】

①伯成子高：杜撰的人名。"伯成"为复姓。

②下风：下方。"风""方"古通音通义。

③劝：劝勉。

④阖(hé)：通"盍"。怎么不。

⑤挹(yì)挹乎:低头耕地的样子。

【译文】

尧治理天下的时候,伯成子高被立为诸侯。尧传位给舜,舜传位给禹,伯成子高辞去诸侯之位而回家耕田。禹去看他,伯成子高正在田野里耕作。禹走到他的下方,站在那对伯成子高说:"从前尧治理天下的时候,您被立为诸侯。尧传天下给舜,舜传天下给我,而您辞去诸侯之位回家耕田,请问这是什么原因呢?"

子高说:"从前尧治理天下的时候,不用赏赐而民众自然向善,不用惩罚而民众能戒恶。现在你行赏罚之事而民众却不能仁爱,德行从此衰落,刑罚从此兴起,后世的祸乱从此就开始了。先生为什么还不走呢?不要耽误了我做事!"低着头耕地而不回头看一眼。

点评

道是没有名的,万物创生,特别是人要役用万物,就有了名。名,通常是与分别相应的。有了名,就有了分别,而有了分别,也就有了纷争。再者,春秋时期,名与位是相应的,有什么名,就有什么位,以定尊卑上下。有人问孔子怎么治国,孔子的回答是先正名,所谓"名不正则言不顺,言不顺则事不成",就是这个道理。其实现在也是如此,有什么名,往往就有什么位。当然这种位可能是有形、有权力的,也可能是无形的、无权力的。比如我们讲某人、某种东西很有名,也就是说某人、某种东西在某领域、某方面很有地位,名人、名望、名著、名胜的名都是这个意思。名,是纷争的缘由之一。有了名,就有了利乃至权,不然大家也不会争名,人们也不会把争名夺利放在一起讲。与名相关的东西这么多，名对平常人来讲又这么重要，于是统治者们自然就将它作为赏罚的工具。伯成子高看到禹重赏罚，其实也可以说是看到了禹重名，这样做的结果，就是纷争迭起、乱事不断。所以，老子劝人“知止”，庄子笔下的伯成子高就干脆归隐田园了。

知人者智，自知者明。胜人者有力，自胜者强。知足者富。强行者有志①。不失其所者久②。死而不亡者寿③。

（三十三章）

【注释】

①强行者：努力不懈的人。

②所：根本，根基。

③死而不亡者：身死而道犹存。指人虽死但未被人遗忘。

【译文】

能够认识别人算是聪慧，了解自己才算高明。能战胜别人的有力量，战胜自己的才是坚强。知道满足的就富有。努力不懈的人有志向。不离失根基的人就能长久。身死而不被人遗忘的人是真正的长寿。

扩展阅读

孔子游于匡[①]，卫人围之数帀[②]，而弦歌不惙[③]。子路入见，曰："何夫子之娱也？"

孔子曰："来！吾语女[④]。我讳穷久矣[⑤]，而不免，命也；求通久也，而不得，时也。当尧舜之时而天下无穷人[⑥]，非知得也[⑦]；当桀纣之时而天下无通人，非知失也；时势适然[⑧]。夫水行不避蛟龙者，渔父之勇也；陆行不避兕虎者[⑨]，猎夫之勇也，白刃交于前，视死若生者，烈士之勇也；知穷之有命，知通之有时，临大难而不惧者，圣人之勇也。由处矣[⑩]，吾命有所制矣[⑪]。"

无几何，将甲者进[⑫]，辞曰[⑬]："以为阳虎也，故围之。今非也，请辞而退。"

（《庄子·秋水》）

【注释】

①匡：地名，在卫国境内，在今河北长垣县西南。

②帀(zā)：周。

③惙(chuò)：通"辍"，停止的意思。

④女：通"汝"，你。

⑤讳：避忌。　穷：困顿蔽塞。这里指大道不能畅通。

⑥穷人：不得志的人。

⑦知:通“智”。
⑧适:往,这里是造成、形成的意思。
⑨兕(sì):犀牛一类的野兽。
⑩由:即子路,仲氏,名由。 处:安息,安然处之。
⑪制:制约,限定。
⑫将(jiāng):统带。 甲:指带甲的军士。
⑬辞:道歉,谢罪。

【译文】

孔子周游到匡这个地方,卫国人把他重重围住,而他还是弹琴唱歌不止。子路进去看他,说:“为什么先生还这么快乐?”

孔子说:“过来!我告诉你。我避忌道不能通行于天下已经很久了,然而还是不能避免,这是命呀;我希求行道于天下也很久了,然而还是不能够,这是时运呀。在尧舜的时代,天下没有不得志的人,并非人们的才智超群;在桀纣的时代,天下没有得志的人,不是人们的才智丧失了,而是时势造成的。在水中行走而不躲避蛟龙,是渔民的勇敢;在陆地上行走而不躲避犀牛和老虎,是猎人的勇敢;白刃横在眼前,而把死亡看得和生存一样,是积极建功立业、视死如归的人的勇敢;知道穷塞不通是由于天命,知道通达是由于时运,遇到大的灾难而不惊惧的,是圣人的勇敢。仲由你歇息吧,我的命运是有限定的。”

过了一会儿,一个带兵的将领进来,道歉说:“我们原来以为你是阳虎,所以把你围住。现在才知道你不是,我们撤去围兵,向你道歉。”

点 评

人容易看到别人的长短优劣,却很难认清自己。老子讲“自知者明”，西方哲人也强调“认识你自己”，东西方哲人在这一点上有基本的共识。同时，东西方也都认为战胜自己比战胜他人难，能战胜自己的人无往而不胜。所谓“知足者富”，人们现在也是常讲的。知足的人富有，并不一定是真的富有，而可能很贫穷，但是在贫穷的时候很满足，也就算是富有了。富可敌国的不能算富，身无长物的人不能算穷，关键在于知不知足。当然，知足并不是知足不前，还是要努力不懈的。努力不懈不是贪求，而是以道为志向。知足的人，往往也是“不失其所”的人，就是不离其根本的人。人如同树木，也有其根，树离根则死，人也一样。不过，人就是不离开根本，也是要死的，于是就有个寿的问题。在老子眼中，人的寿与夭，最高的衡量标准不是自然的寿命，而是是否留下了永久性的价值。这一点，儒家也讲，所谓“立德、立功、立言”三不朽。这还是世俗性的。道家则是超世俗的，永久性的价值是道，得道之人虽死，但道不朽，而得道之人以其行为为人留下典范，也是不朽。

大道氾兮[1]，其可左右。万物恃之以生而不辞[2]，功成而不有[3]。衣养万物而不为主，可名于小[4]；万物归焉而不为主，可名为大[5]。以其终不自为大，故能成其大。

（三十四章）

【注释】

①氾(fàn)：普，博。

②辞：推辞，拒绝。

③有：自认为有功。

④小：指大道任物成长，自然无为，因此称为“小”。

⑤大：指大道无私养育，万物归依，因此称为“大”。

【译文】

大道广泛流行，无所不到。万物都依赖它生长而它不拒绝，成就万物而不自认为有功。养育万物而不为主宰，可称为“小”，万物都归附它而不自以为主宰，可称为“大”。因为它不自以为伟大，所以能够成就它的伟大。

扩展阅读

东郭子问于庄子曰[1]：“所谓道，恶乎在？”

庄子曰：“无所不在。”

东郭子曰：“期而后可[2]。”

庄子曰：“在蝼蚁。”

曰：“何其下邪？”

曰："在稊稗[3]。"

曰："何其愈下邪？"

曰："在瓦甓[4]。"

曰："何其愈甚邪？"

曰："在屎溺[5]。"

东郭子不应。庄子曰："夫子之问也，固不及质[6]。正获之问于监市履狶也[7]，每下愈况。汝唯莫必[8]，无乎逃物。至道若是，大言亦然。周遍咸三者，异名同质，其指一也[9]。尝相与游乎无何有之宫[10]，同合而论[11]，无所终穷乎！尝相与无为乎！澹而静乎！漠而清乎！调而闲乎！寥巳吾志[12]，无往焉而不知其所至，去而来而不知其所止，吾已往来焉而不知其所终；彷徨乎冯闳[13]，大知入焉而不知其所穷[14]。物物者与物无际[15]，而物有际者，所谓物际者也；不际之际，际之不际者也。谓盈虚衰杀[16]，彼为盈虚非盈虚，彼为衰杀非衰杀，彼为本末非本末，彼为积散非积散也。"

（《庄子·知北游》）

【注释】

①东郭子：住在东郭的一位先生。

②期：必。

③稊稗（tíbài）：稻田里类似禾苗的杂草。

④甓（pì）：砖。

⑤溺（nì）：小便。

⑥质：实质。

⑦正：官名，相当于市场的监督员。　获：人名。　监市：屠夫。　履狶（xī）：踩猪的腿脚之处以探猪的肥瘦。狶，大猪。

⑧莫必：不应限定在某一事物里寻找道。必，固执，限定。

⑨指：通"旨"，意旨。　一：归于同一。

⑩无何有之宫：什么也没有的处所。

⑪同合而论：周混同、合一的观点来谈论。

⑫寥已吾志："吾志已寥"的倒装，意为我的心志寥阔。寥，虚空宁寂的样子。

⑬彷徨：纵放。　冯闳（pínghóng）：虚旷的样子。

⑭大知：大智的人。　入焉：指与大道交融相聚。

⑮物物者：支配物的，前一"物"用如动词。　际：界线，区别。

⑯衰杀：衰退与减损。

【译文】

东郭子问庄子说："所谓道，在什么地方？"

庄子说："无所不在。"

东郭子说："指出一个地方来。"

庄子说："在蝼蚁里。"

东郭子说："怎么这样卑下？"

庄子说："在杂草里。"

东郭子说："怎么更加卑下了呢？"

庄子说："在瓦甓里。"

东郭子说："怎么越来越卑下了呢？"

庄子说："在屎尿里。"

东郭子不回应。庄子说："先生所问的，本来就没有接触到实质。这就像一名叫获的管理市场的官吏问屠夫关于探猪的肥瘦的方法，越往下踩猪的腿部就越明白。除非你不肯指明，道是与物不相离的。最高的道是这样，最高明的言论也是这样。'周''遍''咸'三者名称相异而实质相同，所指的是同样的意思。试着一同遨游于什么也没有的地方，综合各种言论，道是没有穷尽的吧！试着一同来无为吧！恬淡而清静吧！漠然而清虚吧！调和而悠闲吧！我的心志寥廓，无所往而不知道要到哪里，去了又来而不知道停在哪里，我已经来来往往而不知道哪里是终结；

彷徨在寥廓的空间，大智的人与道相契而不知道它的终极。支配万物的与物没有界限，而物有界限，乃是所谓物的界限；没有界限的是界限，是界限中的没有界限。说到盈虚衰杀，道使物有盈虚而自身却没有盈虚，道使物有减损而自身却没有减损，道使物有始终而自身却没有始终，道使物有聚散而自身却没有聚散。”

点评

大道流行，无所不至，无所不在，一草一木，一沙一石中都有道的存在。万物有分界，而道没有分界，道与万物也没有分界。这样的道，其功至伟，但恬然不居于所成。在一定程度上，道成就了万物，万物也成就了道；没有万物，道的功绩也无从显现。既然由万物成就其功绩，功绩也应归于万物，道也不应居功。就人类事务来讲，其实也应如此。所以，有盖世之功的人，常常归功于民。

执大象[1],天下往。往而不害,安平太[2]。

(三十五章)

【注释】

①大象:大道。象,道。

②安平太:就和平安泰。安,乃,则。太,同“泰”,安、宁的意思。

【译文】

执守大道,天下人都来归往。归往而没有伤害,于是就和平安泰。

扩展阅读

云将东游[1],过扶摇之枝而适遭鸿蒙[2]。鸿蒙方将拊脾雀跃而游[3]。云将见之,倘然止[4],贽然立[5],曰:“叟何人邪? 叟何为此? ”

鸿蒙拊脾雀跃不辍,对云将曰:“游! ”

云将曰:“朕愿有问也[6]。”

鸿蒙仰而视云将曰:“吁! ”

云将曰:“天气不和,地气郁结,六气不调,四时不节[7]。今我愿合六气之精以育群生,为之奈何? ”

鸿蒙拊脾雀跃掉头曰:“吾弗知! 吾弗知! ”

云将不得问。又三年,东游,过有宋之野而适遭鸿蒙。云将大喜,行趋而进曰:“天忘朕邪[8]? 天忘朕邪? ”再拜稽首,愿闻于鸿蒙。

鸿蒙曰:“浮游,不知所求;猖狂[9],不知所往;游者鞅掌[10],以观无妄[11]。朕又何知! ”

云将曰:“朕也自以为猖狂,而民随予所往;朕也不得已于民,今则民之放也[12]。愿闻一言。”

鸿蒙曰:“乱天之经[13],逆物之情,玄天弗成;解兽之群,而鸟皆夜鸣;灾及草木,祸及止虫[14]。噫,治人之过也! ”

云将曰："然则吾奈何？"

鸿蒙曰："噫，毒哉！仙仙乎归矣[15]。"

云将曰："吾遇天难，愿闻一言。"

鸿蒙曰："噫！心养。汝徒处无为，而物自化。堕尔形体[16]，黜尔聪明，伦与物忘；大同乎涬溟[17]，解心释神，莫然无魂。万物云云，各复其根，各复其根而不知，浑浑沌沌，终身不离；若彼知之，乃是离之。无问其名，无窥其情，物固自生。"

云将曰："天降朕以德[18]，示朕以默，躬身求之，乃今也得。"再拜稽首，起辞而行。

（《庄子·在宥》）

【注释】

①云将：云的主帅。寓言中的人物。

②扶摇：神木。　鸿蒙：自然的元气。此处拟人化，成为寓言中的人物。

③拊（fǔ）：拍击。　脾：即髀，大腿。

④倘然：惊疑的样子。

⑤贽（zhì）然：站立不动的样子。

⑥朕（zhèn）：我，第一人称代词。

⑦节：节令。

⑧天：这里指鸿蒙，敬如上天的意思。

⑨猖狂：形容随心所欲，自由奔放。

⑩鞅掌：众多，纷纷攘攘的样子。

⑪无妄：真实，现实存在。妄，虚、不实。

⑫放：依，仿效。

⑬经：本指织物上的纵线，引申为常规，正常序列的意思。

⑭止虫：即昆虫。止，亦作"昆"。

⑮仙仙：轻扬的样子。

⑯堕（huī）：通"隳"，毁坏。

⑰涬溟(xìngmíng):混混茫茫的自然之气。
⑱降:传教,教诲。

【译文】

云将到东方游玩,经过神木的枝头而恰好遇到鸿蒙。鸿蒙正拍着大腿跳跃游走。云将见到,惊疑而止,站立不动,说:“老先生是谁呀?老先生为什么这样呀?”

鸿蒙拍着大腿跳跃不停,对云将说:“遨游。”

云将说:“我想请教。”

鸿蒙抬头看着云将说:“啊!”

云将说:“天气不和谐,地气郁结不发,六气不协调,四时不按顺序。现在我想融合六气的精华以养育万物,要怎么做?”

鸿蒙拍着大腿跳跃着掉头而去说:“我不知道!我不知道!”

云将没有得到回答。又过了三年,向东游玩,经过宋国的原野而又恰好遇到鸿蒙。云将非常高兴,快步走上前去说:“您忘了我吗?您忘了我吗?”行稽首叩拜之礼,希望鸿蒙指点他。

鸿蒙说:“悠游自在,无所贪求;随心所欲,无所不适;游心于纷纭的事物中,以观察事物的真相。我又怎么知道?”

云将说:“我也自认为随心所欲,而民众跟随着我;我不得已接触民众,现在却为民众所效仿。请您指教。”

鸿蒙说:“扰乱了自然的常道,违逆了万物的实情,自然的状态不能保全;群兽离散,鸟都在夜晚鸣叫;殃及草木,祸及昆虫。噫,这是治理民众的过错啊!”

云将说:“那么我该怎么办呢?”

鸿蒙说:“噫,毒害人呀!快快回去吧。”

云将说:“我遇到您很难,还是希望您指点。”

鸿蒙说:“噫!修养心神。你只要自然无为,万物就会自然化生。忘掉你的形体，抛除你的聪明，和万物泯合；与自然气合一，融化掉你的心神，而没有心机智巧。万物纷纭，都各自回复到它的本根，回复到它的本根而不知道所以然，浑然没有心机，终身不离本根；如果使用心智，就会离失本根。不用追问它的名称，不用探求它的真相，万物乃是自然生长。”

云将说：“您施给我恩德，晓示我以静默，亲身求道，现在才有所得。”又行稽首叩拜之礼，起身而去。

点评

秉持大道，天下人自然归往。“得道多助，失道寡助”，也是这个道理。因此，如果希望别人归往，或者希望得到别人的帮助，最佳的选择不是给人好处，而是正身行道。要是像慈禧对八国联军那样，“量中华之物力，结与国之欢心”，只能遭致屈辱和亡国。平常有人总看重物质刺激，以为给人许多好处，就能得到别人的支持，而不注意自己是否在正道上，结果也是得不到真正的支持。

道之出口，淡乎其无味，视之不足见[①]，听之不足闻，用之不足既[②]。

（三十五章）

【注释】

①足：可。

②既：尽。

【译文】

“道”讲出来，淡得没有味道，看它却看不见，听它却听不到，用它却用不完。

扩展阅读

桓公读书于堂上，轮扁斫轮于堂下[①]，释椎凿而上，问桓公曰：“敢问，公之所读者何言邪？”

公曰：“圣人之言也。”

曰：“圣人在乎？”

公曰：“已死矣。”

曰：“然则君之所读者，古人之糟魄已夫[②]！”

桓公曰：“寡人读书，轮人安得议乎！有说则可，无说则死。”

轮扁曰：“臣也以臣之事观之。斫轮，徐则甘而不固[③]，疾则苦而不入[④]。不徐不疾，得之于手而应于心，口不能言，有数存焉于其间[⑤]。臣不能以喻臣之子，臣之子亦不能受之于臣，是以行年七十而老斫轮。古之人与其不可传也死矣，然则君子所读者，古人之糟魄也夫！”

（《庄子·天道》）

【注释】

①轮扁:名字叫“扁”的制作车轮的工匠。　斫(zhuó):砍削。

②糟魄:即糟粕。“魄”是“粕”的假借字。

③徐:宽。　甘:滑。

④疾:紧。　苦:涩。

⑤数:术。

【译文】

桓公在堂上读书,轮扁在堂下斫轮,放下椎凿而走上前来问桓公说:“冒昧地问一下,你所读的是什么书呀?”

桓公说:“是圣人之言。”

轮扁说:“圣人还活着吗?”

桓公说:“已经死了。”

轮扁说:“那么你所读的,就是古人的糟粕了!”

桓公说:“寡人读书,轮人怎么能随便议论!说得出道理还可以,说不出道理就把你处死。”

轮扁说:“我也就从我所做的事情来观察。斫车轮,轴孔宽了则甘滑容易装上但不牢固,紧了就滞涩而难以装上。不宽不紧,得之于手而应合于心,嘴里说不出来,有奥妙的道理存在于其间。我无法把这个道理告诉我的儿子,我的儿子也不从我这里得到它,所以都快七十岁了还在斫轮。古人和他不可传授的东西都死了,那么你所读的,就是古人的糟粕了。”

点　评

道说出来没有味道,看也看不到,听也听不到,可是却取之不尽,用之不竭。这就像轮扁的斫轮之“数”,他没有办法说出来,他的儿子也不能从他所说的当中明白,但用起来却得心应手。正是基于这样的原因，老子和庄子都讲“绝学”，就像轮扁劝桓公不要读书一样。道从言语、书本中求不到，圣人思想的精华也不是单从书本上就能学到的。不过，用现在的眼光来看，这种想法有它的偏颇之处。因为离开了语言以及记载思想的文字、书本等，人类的思想就无法代代相传。人们不学习，也无从知道前人或别人都作了哪些探索。甚至就是“绝学”，我们也要通过学习才能了解。其实，我们不能只看到老子和庄子的“绝学”，在绝学之前，其实还有个学习的过程。只有通过学习，最后才能达到绝学的境界。只有去听、去看，才能明白道是听不见、看不到的。

道常无为而无不为[1]。侯王若能守之，万物将自化[2]。化而欲作[3]，吾将镇之以无名之朴[4]。镇之以无名之朴，夫将不欲。不欲以静，天下将自正。

（三十七章）

【注释】

①无为：顺其自然不妄为。　无不为：没有一件事不是它所为的，这是由于不妄为所产生的效果。

②自化：自我化育，自生自长。

③欲作：私欲产生。

④无名：指道。

【译文】

"道"永远顺任自然，然而又没有一件事不是它所为。侯王如果能守住它，万物就会自生自长。自生自长而私欲萌作时，我就用"道"的真朴来镇住它。用"道"的真朴来镇住，就不会起贪欲。不起贪欲而归于清静，天下自然就能上轨道。

扩展阅读

河伯曰："然则我何为乎，何不为乎？吾辞受趣舍[1]，吾终奈何？"

北海若曰："以道观之，何贵何贱，是谓反衍[2]；无拘而志[3]，与道大蹇[4]。何少何多，是谓谢施[5]；无一而行，与道参差。严乎若国之有君[6]，其无私德；繇繇乎若祭之有社[7]，其无私福；泛泛乎若四方之无穷，其无所畛域[8]。兼怀万物，其孰承翼[9]？是谓无方[10]。万物一齐，孰短孰长？道无终始，物有死生，不恃其成；一虚一盈，不位乎其形。年不可举[11]，时不可止，消息盈虚，终则有始。是所以语大义之方，论万物之理也。物之生也，若骤若驰[12]，无动而不变，无时而不移。何为乎，何不为乎？夫固将自化⑬。”

（《庄子·秋水》）

【注释】

①趣舍：取舍。

②反衍：反复。

③而：你。

④蹇（jiǎn）：困厄，妨碍。

⑤谢施（yì）：代谢交替。

⑥严乎：端庄、威严的样子。

⑦繇（yóu）繇乎：即“悠悠乎”，悠然自得的样子。

⑧畛（zhěn）域：界限。

⑨承：承接，蒙受。　翼：翼蔽，这里引申为庇护之意。

⑩无方：指不偏执于一个方面。

⑪举：止，停留。

⑫骤：马儿急速奔跑。　驰：车马疾行。

⑬自化：自身自然的变化。

【译文】

河伯说：“那么我该做什么，不该做什么？我对事物的拒绝、接受和取舍，我到底该怎么办？”

北海若说：“从道的观点来看，没有贵贱，贵贱是反复无常的；不要拘束你的心志，以致与大道相背。无所谓多少，多少是互相代谢交替的；不要偏执一端而行，致使与大道不合。严正像一国的君主，没有偏私的恩德；超然像祭祀时的社神，没有偏私的保佑；宽大像四方没有穷尽，没有彼此的界限。包容万物，有谁承受扶助？这是说没有偏向。万物等同，哪个短哪个长？道没有终始，万物则有死有生，所以道不依赖它所成就的；万物有空虚有充盈，所以道不处于它所形成的。年岁不能存留，时光不能终止，消长盈虚，有终结就有起始。这就是讲大道的方向，谈论万物的道理。万物的生长，犹如快马奔驰，没有一个动作不在变化，没有一个时间不在移动。应该做什么，应该不做什么？万物原本就是自然变化。”

点评

治理国家的人，应当无为，听任万物顺着本性发展。然而，在万物顺着本性发展的过程中，必然会出现私欲萌生的情况。对这种情况，是不是要遏止呢？如果遏止的话，又用什么来遏止？私欲萌生，就是背离了道，当然要遏止。但遏止的办法，不是用赏罚名利，也不是针对这种情况来制订某种政策，而是要用“无名之朴”即道来救治，而救治的方式，还是无为。无为在老子思想中的地位，由此可见一斑。究其实，老子政治思想的根本，就是希望统治者不要干涉民众的生活，让民众自由发展。

一四　处厚安命

失道而后德，失德而后仁，失仁而后义，失义而后礼。夫礼者，忠信之薄[①]，而乱之首[②]。

（三十八章）

【注释】

①薄：衰薄，不足。

②乱之首：祸乱的开端。

【译文】

失去了“道”之后才有“德”，失去了“德”之后才有仁，失去了仁之后才有义，失去了义之后才有礼。礼是忠信的衰薄，祸乱的开端。

扩展阅读

古之人，在混芒之中[①]，与一世而得澹漠焉[②]。当是时也，阴阳和静，鬼神不扰，四时得节[③]，万物不伤，群生不夭，人虽有知，无所用之，此之谓至一[④]。当是时也，莫之为而常自然。

逮德下衰，及燧人、伏羲始为天下，是故顺而不一。德又下衰，及神农、黄帝始为天下，是故安而不顺。德又下衰，及唐虞始为天下，兴治化之流，浇淳散朴[⑤]，离道以为，险德以行[⑥]，然后去性而从于心。心与心识知，而不足以定天下。然后附之以文，益之以博。文灭质，博溺心，然后民始惑乱，无以反其性情而复其初。

由是观之，世丧道矣，道丧世矣。世与道交相丧也，道之人何由兴乎世[⑦]，世亦何由兴乎道哉！道无以兴乎世，世无以兴乎道，虽圣人不在山林之中，其德隐矣。

隐，故不自隐。古之所谓隐士者，非伏身而弗见也，非闭其言而不出也，非藏其知而不发也，时命大谬也[⑧]。当时命而大行乎天下，则反一无迹[⑨]；不当时命而大穷乎天下，则深根宁极而待[⑩]，此存身之道也。

（《庄子·缮性》）

【注释】

①混芒：混沌的鸿蒙、淳风未散的境况。

②一：全。　澹漠：即"淡漠"，指恬淡无为，互不交往。

③得：亦作"应"，顺应。

④至一：物我不二，是非无别的最为完满的浑一状态，即庄子理想中的境界。

⑤浇：薄。

⑥险：通"俭"，贫乏、缺少。

⑦道之人：有道的人。

⑧谬（miù）：伪妄，乖背。

⑨反一无迹：返回到"至一"的境界而不见形迹。

⑩深根：深隐以求宁静。　宁极：指保有宁寂至极之性。

【译文】

古时候的人，在混沌茫昧之中，举世之间都很淡漠而互不取求。在这个时候，阴阳和顺宁静，鬼神不来搅扰，四时合乎顺次，万物不相伤害，一切生物都不会夭折，人们虽有心智，但无处可用，这称为完满纯一的时代。在那个时候，人无所作为而万物顺乎自然。

等德性衰落，到燧人氏、伏羲氏开始治理天下的时候，只能顺应民意而不能达到完满纯一的境界。德性再衰落，到神农、黄帝开始治理天下的时候，只能安定天下而不能顺应民心。德性还又衰落，到了尧舜开始治理天下的时候，大兴教化，浇薄淳厚，离散真朴，所为背离大道，隐没了德去行事，然后舍弃了本性而顺从于心智。心与心互相察识，而不足以安定天下。然后附着以文饰，增益以博学。文饰掩蔽了真实，博学淹没了心灵，于是民众开始迷惑混乱，无法返归恬淡的性情而恢复自然的本初。

由此看来，人世间丧失了大道，大道也离开了人世间。人世与大道相互丧失，有道之人怎么能兴起于人世，人世又怎能复兴大道呢？大道无法在人世间复兴，人世间也无法复兴大道，虽然圣人没有隐遁在山林之中，但他的德性已经隐而不显了。

隐遁，并不是自己要去隐遁。古时所讲的隐士，不是隐匿形迹而不见人，不是闭塞言语而不宣示，不是藏匿智慧而不发露，而是时机与命运非常悖谬。逢着时机而大行于天下，就返回到“至一”的境界而不显形迹；不逢时机而穷困于天下，就深藏缄默来等待；这是保全生命的方法。

点评

老子讲道不断丧失的过程，即从道至德，再至仁义与礼，一定程度上也是从历史中得来，但却没有援引人类社会的发展过程作为佐证。庄子则将这个过程历史化、具体化。庄子所描述这种历史过程，是否符合实际发生的历史，仁者见仁，智者见智。不过，西方历史学家克罗齐说“一切历史都是当代史”，人们回顾过去，是为了现实。庄子以道为准，把历史描绘成人不断堕落的过程，无非是要为他的理论提供历史的基础。

反者道之动[①]，弱者道之用[②]。天下万物生于有，有生于无。

（四十章）

【注释】

①反：同"返"，复，循环。

②弱：柔弱，柔和。

【译文】

"道"的运动是循环往复的，"道"的作用是柔弱的。天下万物产生于"有"，"有"产生于"无"。

扩展阅读

庄子妻死，惠子吊之，庄子方箕踞鼓盆而歌[①]。

惠子曰："与人居[②]，长子老身[③]，死不哭，亦足矣，又鼓盆而歌，不亦甚乎？"

庄子曰："不然。是其始死也，我独何能无概然[④]！察其始而本无生，非徒无生也而本无形，非徒无形也而本无气。杂乎芒芴之间[⑤]，变而有气，气变而有形，形变而有生，今又变而之死，是相与为春秋冬夏四时行也。人且偃然寝于巨室[⑥]，而我嗷嗷然随而哭之[⑦]，自以为不通乎命[⑧]，故止也。"

（《庄子·至乐》）

【注释】

①方：正。　箕踞（jījù）：分开两脚像簸箕一样坐着。　鼓盆：敲打盆状瓦缶。

②人：指庄子死去的妻子。

③长子：长养子孙。　老身：使自身衰老而死。

④概：即“慨”，感触哀伤。

⑤芒芴（huǎnghū）：即恍惚。

⑥偃然：安稳休息的样子。　巨室：巨大的居室，这里指天地之间。

⑦噭（áo）噭然：哀鸣的样子。

⑧通乎命：通晓于天命，即明白生命自然往复、运行的道理。

【译文】

庄子的妻子死了，惠子去吊丧，看到庄子正蹲坐着，敲着瓦缶唱歌。

惠子说：“你和你妻子住在一起，人家为你养育子女，伴你到老，死了你不哭也就够了，还敲着盆唱歌，不是太过分了吗？”

庄子说：“不是这样。她刚去世的时候，我又怎能不哀伤呢！可是仔细想起来她起初并没有生命，不但没有生命也没有形状，不但没有形状甚至连气息也没有。在若有若无之间，变而有气，气变化而有形状，形状变化而有生命，现在又变化而为死。这样生死的变化就像春夏秋冬四时运行一样。人家静静地安息于天地之间，而我还在哭泣，自认为是不通晓生命的道理，所以就不哭了。”

点评

老子和庄子的道，都不是为了人的求知而设，而是要解决现实政治与人生中的问题。庄子的故事，很清楚地表明“有生于无”的思想，是为了化解现实的困苦，而确实也能化解困苦。庄子的妻子死了，他却鼓盆而歌，并不是因为他与妻子没有感情，或者心理变态，而是因为他认识到人的生与死乃是一大循环，由无气、无形而来，复归于无气、无形。死，不过是回到所来之所。因死而悲伤不止，反而是不通晓生命之理的表现。这种用理性化解生存之痛的方式，是人们经常采用的办法，而且是最有效的方式。

一五 大音希声

大音希声①，大象无形。

（四十一章）

【注释】

①希声：无声。

【译文】

最大的乐声反而听起来没有声响，最大的形象反而看不见形迹。

扩展阅读

北门成问于黄帝曰①："帝张咸池之乐于洞庭之野②，吾始闻之惧，复闻之怠③，卒闻之而惑，荡荡默默，乃不自得。"

帝曰："汝殆其然哉。吾奏之以人，徽之以天④，行之以礼义，建之以太清⑤。四时迭起，万物循生；一盛一衰，文武伦经；一清一浊⑥，阴阳调和，流光其声；蛰虫始作⑦，吾惊之以雷霆；其卒无尾，其始无首；一生一死，一偾一起⑧；所常无穷⑨，而一不可待⑩。汝故惧也。吾又奏之以阴阳之和，烛之以日月之明⑪。其声能短能长，能柔能刚，变化齐一，不主故常；在谷满谷，在阬满阬⑫；涂郤守神⑬，以物为量。其声挥绰⑭，其名高明。是故鬼神守其幽，日月星辰行其纪⑮。吾止之于有穷，流之于无止。子欲虑之而不能知也，望之而不能见也，遂之而不能及也；傥然立于四虚之道[16]，倚于槁梧而吟[17]。目知穷乎所欲见，力屈乎所欲逐[18]，吾既不及已夫！形充空虚，乃至委蛇[19]。汝委蛇，故怠。吾又奏之以无怠之声[20]，调之以自然之命，故若混逐丛生[21]，林乐而无形；布挥而不曳[22]，幽昏而无声。动于无方，居于窈冥[23]；或谓之死，或谓之生；或谓之实，或谓之荣；行流散徙，不主常声。世疑之，稽于圣人。圣也者，达于情而遂于命也。天机不张而五官皆备，无言而心说[24]，此之谓天乐。故有焱氏为之颂曰[25]：'听之不闻其声，视之不见其形，充满天地，苞裹六极[26]。'汝听之而无接焉，而故惑也。乐也者，始于惧，惧故祟[27]；吾又次之以怠，怠故遁；卒之于惑，惑故愚；愚故道，道可载而与之俱也[28]。"

（《庄子·天运》）

【注释】

①北门成：人名，复姓北门，传说为黄帝的臣子。

②张：布施，这里是演奏的意思。　咸池：古代著名的乐曲。　洞庭之野：广漠的原野，"洞庭"不是今人所称"洞庭湖"。

③怠：松懈，平和。这里指先前恐惧的心理逐步平息下来。

④徽：或作"徵"，当作"徽"，与"挥"同，演奏的意思。

⑤太清：指天道。

⑥清：指天。　浊：指地。

⑦作：起，这里指解除冬眠开始活动。

⑧偾（fèn）：仆倒。

⑨常：借为"向"。

⑩一：全，皆。

⑪烛：照。

⑫阬："坑"的异体字。

⑬涂：堵塞。　郤（xì）：通"隙"，孔隙的意思。　守神：持守宁寂的精神。

⑭挥绰：悠扬。

⑮纪:理,规律。

⑯傥(tǎng)然:无心的样子。　四虚之道:通达四方无阻碍和涯际的大道。

⑰槁梧(gǎowú):几案。

⑱屈:竭尽。

⑲委蛇(yí):随应变化。

⑳无怠:不再存在情感上的恐惧而平息,即忘我的境界。

㉑混逐丛生:混然相逐,丛然并生。

㉒布挥:布散和振动。　曳(yè):牵引。

㉓窈(yǎo)冥:深远幽暗。

㉔说(yuè):通"悦",喜悦。

㉕有焱(yàn)氏:旧泛指神农氏。

㉖苞裹:即包裹,包容、囊括。

㉗祟(suì):祸患。

㉘与之俱:跟大道相通无阻隔。

【译文】

北门成问黄帝说:"您在广漠的原野放奏咸池乐章,我初听时感到惊惧,继续听时感到松弛,最后听得迷惑了,心神恍惚,把握不住自己。"

黄帝说:"你大概会那样。我用人事来弹奏,用天理来伴奏,用仁义来运行,用天道来应合。四时相继而起,万物顺序而生,夏盛冬衰,春生秋杀,像整理过的蚕丝一样有序;天清地浊,阴阳调和,和气流布,三光烛照,自然之声充满天地;蛰虫刚开始振作,我以雷霆之声惊起它;乐声终了却寻不着结尾,开始却寻不着原头;忽而消逝忽而兴作,忽而偃息忽而亢进;辗转所向没有穷尽,而全然不可期待,所以你感到惊惧。我又用阴阳的和谐来演奏,用日月的光明来烛照;声调能短能长,能柔能刚;变化有规律，却能翻陈出新。乐声充盈于阬谷，堵塞情欲，凝守精神，顺任自然。音乐悠扬，节奏明朗。因而鬼神幽隐，日月星辰依轨道而行。我演奏有时而止，余音却流泛无穷。你想思虑却不能知晓，要观看却看不到，要追逐却赶不上；茫然置身于无垠的大道，倚着几案而谈吟。眼睛穷竭于所要看到的，体力穷竭于所欲追逐的，我是追赶不上啊！无身，所以能顺万境而无心。你随着我的演奏顺万境而无心，所以觉得松弛。我又用无怠的声音来演奏，用自然的节奏来调和，所以众音混然相逐，丛然并生，众乐齐奏而不见形迹，乐声播散振扬而悠长，幽暗昏昧而不可闻。动无方所，静而至极；或以为消逝，或以为兴起；或以为是实在，或以为是浮华；流行不定，随物变化。世人疑惑，稽问圣人。所谓圣，便是通达情理而顺任自然。自然的枢机不动而五官俱备，没有言语而心灵适悦，这就是天乐。所以，神农赞颂这种天乐的境界说：'听而听不到它的声音，看而看不到它的形象，充满于天地之间，包藏着六极。'你想听也无法听到，所以你会迷惑。这种乐章，开始时感到惊惧，惊惧便认为是祸患；我又演奏使人松弛的声调，心情松弛，所以惊惧之情遁灭；终于觉得迷惑，迷惑才能淳和无知；淳和无知才合于道，合于道就可与道会通融合。"

点评

"大音希声"，通常也被看作是一种重要的音乐理论；"大象无形"，也被视为重要的艺术理论。黄帝与北门成的对话也是经典的乐论之一。"大音希声"表层的意思是最大的乐声是没有声音，深层的意思是倡导自然之声。中国古典音乐理论，占主流的是儒家伦理化的音乐观和道家自然的音乐观。两者难分轩轾，音乐家在谈论音乐本身的时候以道家为主导，而在讲音乐的教化功能的时候则以儒家为依归。

一六 知足常足

天下之至柔，驰骋天下之至坚①。无有入无间②，吾是以知无为之有益。不言之教，无为之益，天下希及之③。

（四十三章）

【注释】

①驰骋（chěng）：形容马的奔走，这里是驾御的意思。

②无有：没有形的力量。　无间（jiàn）：没有间隙的东西。

③希：少。　及：至，到达。

【译文】

天下最柔软的东西，能够驾御天下最坚硬的东西。无形的力量能够穿透没有间隙的东西，我因此知道无为的益处。不言的教化，无为的益处，天下很少能够做得到。

扩展阅读

惠子谓庄子曰："吾有大树，人谓之樗①。其大本拥肿而不中绳墨②，其小枝卷曲而不中规矩③，立之涂④，匠者不顾。今子之言，大而无用，众所同也。"

庄子曰："子独不见狸狌乎⑤？卑身而伏⑥，以候敖者⑦；东西跳梁，不辟高下；中于机辟[8]，死于罔罟[9]。今夫斄牛[10]，其大若垂天之云。此能为大矣，而不能执鼠。今子有大树，患其无用，何不树之于无何有之乡，广莫之野，彷徨乎无为其侧，逍遥乎寝卧其下。不夭斤斧[11]，物无害者，无所可用，安所困苦哉！”

（《庄子·逍遥游》）

【注释】

①樗（chū）：一种高大的落叶乔木，但木质粗劣不可用。

②大本：树干粗大。　拥肿：今写作“臃肿”，这里形容树干弯曲、疙里疙瘩。　中（zhòng）：符合。　绳墨：木工用以求直的墨线。

③规矩：圆规和角尺。

④涂：通“途”，道路。

⑤狌（shēng）：黄鼠狼。

⑥卑：低。

⑦敖：通“遨”，遨游。

⑧机辟：捕兽的机关、陷阱。

⑨罔：网。　罟（gǔ）：网的总称。

⑩斄（lí）牛：牦牛。

⑪夭：夭折。　斤：伐木之斧。

【译文】

惠子对庄子说：“我有一棵大树，人们称它为‘樗’。它的树干木瘤盘结而不合绳墨，小枝弯弯曲曲而不合规矩，生长在大路上，工匠们都不看它一眼。现在你的言论，大而无用，大家对你的言论的态度就像工匠对樗树一样。”

庄子说：“你没有看到狸和黄鼠狼吗？低身伏在那里，等着抓出游的小动物；四处跳来跳去，不管高低；往往踏中机关，死在网罗之中。再看那斄牛，庞大的身子好像挂在天边的云彩。这是能为大的，但是不能捉老鼠。现在你有这棵大树，而愁它没有用处，为什么不把它移种在虚寂的乡土，广漠的原野，任意地徘徊在树旁，自由自在地躺在树下。不会遭到斧头的砍伐，也没有什么东西能够伤害它，没有什么用处，又会有什么祸害呢！”

点评

无论是老子，还是庄子，都不认为天下之人都希望能做到“不言”和“无为”。像庄子的老朋友惠施，是名家的代表人物之一，也是很有智慧的人，对“不言”“无为”之类，都理解不透，也不以为然，更何况其他人呢？其实，平常人们也都知道水滴石穿、风透肌肤的道理，但由此而推及柔弱、无为、不言，人们就难以接受了。从常识与现实的角度看，一个东西无用，人们自然就不会管他；没有一个木匠会关心没有任何用处的大树，谁也不会用一个无用的人。这其实还是从功利角度来看，如果超越功利而艺术地观赏则又不同了；而如果要从保全生命的角度来看，也就另有所得。如果超越功利而艺术地欣赏，则越是无用的东西越让人留连忘返，如黄山的松与云。就此而言，老子与庄子的政治与人生观，都带有一定的艺术性质。所以，人们能否接受老子和庄子的学说，某种程度上也取决于人们是选择艺术地生存，还是现实地生活。

名与身孰亲？身与货孰多①？得与亡孰病②？甚爱必大费③，多藏必厚亡④。

（四十四章）

【注释】

①多：重。

②得：指名利。　亡：指亡失生命。　病：危害，痛苦。

③费：耗费。

④厚：惨重。

【译文】

名声和生命相比哪一样亲切？生命与财货相比谁重要？得到名利与丧失生命相比哪一个有害？过分爱名必定极大耗费生命，多敛财必定招致惨重的损失。

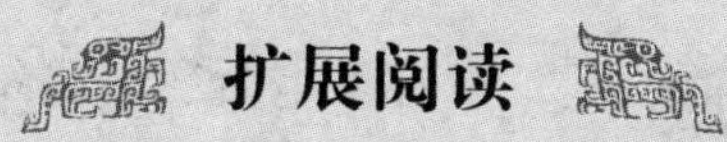

扩展阅读

庄子钓于濮水①，楚王使二大夫往先焉②，曰："愿以境内累矣③。"

庄子持竿不顾，曰："吾闻楚有神龟，死已三千岁矣，王巾笥而藏之庙堂之上④。此龟者，宁其为留骨而贵乎？宁其生而曳尾于涂中乎⑤？"

二大夫曰："宁生而曳尾涂中。"

庄子曰："往矣！吾将曳尾涂中。"

（《庄子·秋水》）

【注释】

①濮(pú)水：水名，在今河南省境内。

②楚王：指楚威王。　使：派遣。　往先焉：先去表达他的心意。

③累：劳累。此处用来表达委以国事的意思。

④巾笥(sì):用竹箱装着,用巾饰覆盖着。

⑤曳尾:拖着尾巴。　涂:泥。

【译文】

庄子在濮水钓鱼，楚王派了两个大夫先去表达他的心意说:“希望将国内的政事托付给先生。”

庄子手持鱼竿头也不回,说:“我听说楚国有只神龟,已经死了三千年了,国王把它用布包着盛在竹箱子里,而珍藏在朝廷里。这只龟,是宁可留下一堆骨头而被人供奉呢,还是宁愿活着而拖着尾巴在泥里爬呢?”

两个大夫说:“宁愿活着而拖着尾巴在泥里爬。”

庄子说:“你们走吧！我还是希望拖着尾巴在泥里爬。”

点评

人们都知道生命的可贵,没有了生命,所谓名声、地位、财富就没有任何意义。然而,人们还是要追名逐利,如贾谊所讲的:“贪夫殉财兮,烈士殉名;夸者死权兮,庶品每生。”这也是人之常情。像老、庄这样看透名声、地位与财富的人毕竟是少数。现代人就更难看透了。现代人也是“重身”的,但这种重身与老、庄所说的重身截然不同。老、庄的重身或重生，是重视身体或生命不受伤害，是重视生命的精神归依。现代人的重身或重生,一方面是重视世俗的享受,而不管这种享受是否对生命造成了伤害,就是拼命地挣钱、挣名、挣地位,而又以伤害身体乃至生命的方式享受;另一方面,是肉体对精神的彻底反叛,以欲求的本能反抗精神,一切精神性的东西都被视为不确定的,乃至虚妄的。老子和庄子对人之所以会追求名利、地位和权力的分析,倒也适合现代的状况。他们认为人追求名利等外在的东西是因为离开了道，而现代人追逐名利也是因为安身立命的基础被抽掉或者说被置换了。一切传统的形而上的东西都被现代人否定了,即尼采所说的“上帝死了”,安身立命由此不再有形而上的基础。没有形而上基础的人,只能抓住现实的一些东西以为救命的稻草。

知足不辱，知止不殆，可以长久。

（四十四章）

【译文】

知道满足就不会遭受屈辱，知道适可而止就不会有危险，这样就可以长久。

扩展阅读

匠石之齐[①]，至于曲辕，见栎社树[②]。其大蔽数千牛，挈之百围[③]，其高临山，十仞而后有枝，其可以为舟者旁十数[④]。观者如市，匠伯不顾[⑤]，遂行不辍。弟子厌观之，走及匠伯，曰："自吾执斧斤以随夫子，未尝见材如此美也。先生不肯视，行不辍，何邪？"

曰："已矣，勿言之矣。散木也，以为舟则沉，以为棺椁则速腐，以为器则速毁，以为门户则液樠[⑥]，以为柱则蠹[⑦]。是不材之木也，无所可用，故能若是之寿。"

匠石归，栎社见梦曰："女将何乎比予哉[⑧]？若将比予于文木邪[⑨]？夫柤梨橘柚[⑩]，果蓏之属[⑪]，实熟则剥，剥则辱[⑫]；大枝折，小枝泄[⑬]。此以其能苦其生者也，故不终其天年而中道夭，自掊击于世俗者也[⑭]。物莫不若是。且予求无所可用久矣，几死，乃今得之，为予大用。使予也而有用，且得有此大也邪？且也若与予皆物也，奈何哉其相物也？而几死之散人[⑮]，又何知散木！"

匠石觉而诊其梦[⑯]。弟子曰："趣取无用，则为社何邪？"

曰："密！若无言。彼亦直寄焉[⑰]，以为不知己者诟厉也。不为社者，且几有翦乎？且也彼其所保与众异，而以义喻之[⑱]，不亦远乎？"

（《庄子·人间世》）

【注释】

①匠石:名叫“石”的匠人。　之:往。

②栎(lì):树名。　社:土神。　“栎社树”的意思是把栎树当作社神。

③挈(qiè):用绳子计量周围。　围:周长一尺。

④旁:旁枝。

⑤匠伯:即匠石。“伯”用来指工匠之长。

⑥液樠(mán):像松心木那样渗出树脂。

⑦蠹(dù):蛀蚀。

⑧比予:跟我相提并论。比,比并,相提并论。

⑨文木:可用之木。文,纹理。

⑩柤(zhā):楂。

⑪蓏(luǒ):瓜类植物的果实。

⑫辱:扭折。

⑬泄:牵引。

⑭掊(pǒu):打。

⑮散人:相对于“散木”而言。不成材的人。

⑯诊:通“畛”,告诉。

⑰直:通“特”,仅、只。

⑱义:有两种解释,一作外观,一作常理。今从后者。

【译文】

匠石往齐国去,到了曲辕这个地方,见到一棵被奉为社神的栎树。这棵树大到可以供数千头牛遮荫,树干有上百抱粗,树身快要与山一样高,根部以上数十丈才生旁枝,可以造船的旁枝就有十数枝。观赏这棵树的人就像赶集的一样多,匠伯看都不看一眼,径直往前走。他的徒弟看了个饱,跑着追上匠伯,说:“自从我拿了斧头跟随先生学习木匠活以来,还没有见到过这么好的木材。先生您看都不看,直往前走,为什么呢?”

匠石说:“算了,不要说它了。这是没有用的散木,用它来做船就会沉掉,用它来做棺椁就很快会腐烂,用它来做器具则很快会损坏,用它来做门就会流出树脂,用它来做柱子则会生虫。这是不能当材使的树木,没有什么用处,所以能有这么长的寿命。”

匠石回到家,夜里梦见栎社树对他说:“你要拿什么和我相比呢?你想把我和可用之木相比吗?那柤梨橘柚之类能结果瓜的树木,果实熟了就被采摘,被采摘树枝就会被扭折;大枝会被折断,小枝被拉来拉去。这是由于它们的才能而害了它们的生命,所以不能享尽自然的寿命而中途夭折,这种世俗的打击都是它们自己招来的。一切东西没有不是这样的。而且我希求自己没有什么用处已经很久了,几乎被砍死,现在才得到,而为我保全生命的大用。假使我有什么用处,我还能长得这么大吗?何况你与我都是物,为什么还要相互批评呢?你这个将要死的散人,又哪里知道散木啊!”

匠石醒来把梦告诉他的徒弟。弟子说:“它意在求取无用,为什么还要做社树让人供奉呢?”

匠石说:“保密!你不要说了。它只不过是寄托于社,使那些不了解它的人辱骂它。如果不做社树,岂不就会遭到砍伐吗?况且它用来保全自己的方式与众不同,而用常理来衡量它,不也相差太远了吗?”

点评

“知足”与“知止”是解决“甚爱必大费,多藏必厚亡”的方略,也具有独立的意义。“知足”“知止”就可以长久。不知足、不知止而求有用的果树,都难免会被攀摘。栎社树之所以能长久,就是因为知止、知足而不求有用。所以,“知足”“知止”与有用、无用及有为、无为都是有联系的。

大成若缺[1]，其用不弊[2]。大盈若冲[3]，其用不穷。大直若屈[4]，大巧若拙，大辩若讷[5]。

（四十五章）

【注释】

①成：善。

②弊：衰竭，停止。

③冲：本为"盅"，空虚。

④屈：弯曲。

⑤讷(nè)：语言困难。

【译文】

最完满的东西好像有欠缺一样，但它的作用不会衰竭。最盈实的东西好像空虚一样，但它的作用没有穷尽。最直的东西好像弯曲一样，最灵巧的东西好像笨拙一样，最好的辩才好像说话迟钝一样。

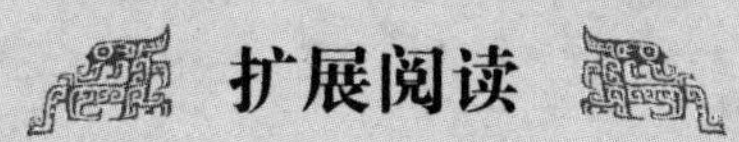

扩展阅读

纪渻子为王养斗鸡[1]。

十日而问："鸡已乎？"曰："未也。方虚骄而恃气。"

十日又问，曰："未也。犹应向景[2]。"

十日又问，曰："未也。犹疾视而盛气。"

十日又问，曰："几矣。鸡虽有鸣者，已无变矣[3]，望之似木鸡矣，其德全矣，异鸡无敢应，见者反走矣[4]。"

（《庄子·达生》）

【注释】

①纪渻(shěng)子:人名,姓纪,名渻子。 王:这里指周宣王。

②应向景:听见声看见影还有所动心。向,通"响",回声。景(yǐng),影子,这个意义后世写作"影"。

③无变:不为所动。

④反走:掉头逃跑。

【译文】

纪渻子为国王养斗鸡。

十天就问:"鸡养得怎么样了?"回答说:"不行,还骄傲自大而仗气。"

十天后又问,回答说:"不行。闻声见影还有所动心。"

十天后又问,回答说:"不行。还怒视而盛气。"

十天后又问,回答说:"差不多了。别的鸡虽然鸣叫,但是它已经不为所动,看起来像只木鸡,它精神凝寂,其他的鸡没有敢应战的,见到它都掉头跑走了。"

点 评

从表面上看,"大成若缺"之类讲的是事物的外在表现与其真实情状之间的辩证关系。最完满的事物与人格,表面上似乎都有所欠缺,实际上则不然。为什么会这样呢?如果完满的东西,外在的表现也很完满,则必然会招致损害;而表现得不完满,就能够避免损伤。再者,老子是借此强调内敛含藏的重要。人即使有无碍的辩才,也不应当处处逞口舌之利,而应当含藏内敛,给人以木讷的感觉。因此,人们自己要敛藏自己,而对待他人也不能以外在表现取人或者以貌取人。懂得敛藏,别人就不能与之争锋;不以貌取人,则不会失人或为人所伤。

静胜躁，寒胜热。清静为天下正[①]。

（四十五章）

【注释】

①正：模范。

【译文】

宁静胜过躁动，寒冷胜过暑热。清静无为可以作为天下的榜样。

扩展阅读

孔子观于吕梁[①]，县水三十仞[②]，流沫四十里，鼋鼍鱼鳖之所不能游也[③]。见一丈夫游之，以为有苦而欲死也，使弟子并流而拯之[④]。数百步而出，被发行歌而游于塘下[⑤]。

孔子从而问焉，曰："吾以子为鬼，察子则人也。请问，蹈水有道乎[⑥]？"

曰："亡，吾无道。吾始乎故[⑦]，长乎性，成乎命[⑧]。与齐俱入[⑨]，与汩偕出[⑩]，从水之道而不为私焉[⑪]。此吾所以蹈之也。"

孔子曰："何谓始乎故，长乎性，成乎命？"

曰："吾生于陵而安于陵，故也；长于水而安于水，性也；不知吾所以然而然，命也。"

（《庄子·达生》）

【注释】

①吕梁：地名，位置不详。

②县（xuán）：通"悬"。县水指悬空之水，即瀑布。　仞：约八尺。

③鼋（yuán）：类似鳖的一种水生动物。　鼍（tuó）：类似鳄鱼的一种水生动物。

④并流：顺着水流。

⑤被：通“披”。

⑥蹈水：游泳。

⑦故：本然。

⑧命：自然之理。

⑨齐：通“脐”，这里用作比喻，喻指漩涡的中心。

⑩汩(gǔ)：涌流。

⑪不为私焉：这里是说委身从流，不做任何违拗。

【译文】

孔子在吕梁观赏山水，瀑布高三十仞，激流溅沫四十里，鼋鼍鱼鳖都不能游。他看到一个男子在游水，以为是有什么苦处而想自杀的，就让他的弟子顺着流水的方向赶去救他。那个男子好几百步才从水里浮出来，披头散发唱着歌而游到岸边。

孔子跟过去问他说：“我以为你是鬼，仔细看看还是人。请问，游水有什么特别的方法吗？”

男子说：“没有，我没有特别的方法。我起初是本然，长大是习性，有所成是顺应自然。与漩涡一起没入，与涌流一道浮出，顺应水势而不由自己。这就是我游水的原因。”

孔子说：“什么叫起初是本然，长大是习性，有所成就是顺乎自然？”

男子说：“我生于大山而安于大山，是本然；成长于水边而安于水，是习性；不知道我为什么能够那样就那样了，是顺乎自然。”

点评

清静的人之所以能够作为天下的楷模，主要原因在于不妄动、安为，不用私意。就像蹈水之人所说的“生于陵而安于陵”，“长于水而安于水”，如果不“安”而妄动，就不能算是清静了。所谓生于贫贱而安于贫贱，也是这个意思。如果不安于贫贱，而贪求富贵，就难免会妄为，乃至于杀人放火。当然，生于贫贱的人也不是不能求富贵，而是应以其道得之。换言之，就是不强求而顺其自然。蹈水男子能在湍瀑急流中从容自如地游水，并不是强求的结果，而是顺其自然。他与漩涡一起沉下去，与涌流一起浮上来，不用私意，不去强求，也就不会被淹死。

祸莫大于不知足，咎莫大于欲得[①]。故知足之足，常足矣[②]。

（四十六章）

【注释】

①咎(jiù)：罪过。

②常足：永远满足。

【译文】

祸患没有比不知道满足更大的了，罪过没有比贪得无厌更大的了。所以，知道满足的这种满足，是永远的满足。

扩展阅读

人有见宋王者[①]，锡车十乘[②]，以其十乘骄稚庄子[③]。

庄子曰："河上有家贫恃纬萧而食者[④]，其子没于渊，得千金之珠。其父谓其子曰：'取石来锻之！夫千金之珠，必在九重之渊而骊龙颔下[⑤]，子能得珠者，必遭其睡也[⑥]。使骊龙而寤[⑦]，子尚奚微之有哉！'今宋国之深，非直九重之渊也；宋王之猛，非直骊龙也，子能得车者，必遭其睡也。使宋王而寤，子为齑粉矣[⑧]！"

（《庄子·列御寇》）

【注释】

①宋王：指宋襄王。

②锡(cì)：通"赐"。

③稚：骄。

④纬萧：编织芦苇。纬，编织。萧，萧艾，荻蒿。

⑤骊(lí)龙：黑龙。

⑥遭：逢、遇。

⑦寤(wù):睡醒。

⑧齑(jī)粉:粉碎,指粉身碎骨。

【译文】

有个人去拜见宋王,宋王赏赐给他十辆车,他就拿这十辆车向庄子夸耀。

庄子说:"河边有户贫寒的人家,依靠编织芦苇生活,他儿子潜到深渊里得到价值千金的珠子。做父亲的对儿子说:'拿石头来砸碎它!价值千金的珠子,一定在九重的深渊、骊龙的颔下,你能得到珠子,一定是骊龙正在睡觉。假如骊龙醒来,你一定被残食无遗!'现在宋国的深,何止是九重的深渊;宋王的凶猛,何止是像骊龙一样;你能得到车子,一定是宋王正在睡觉。假如宋王醒来,你就要粉身碎骨了!"

点评

普通人要是不知足,乃至于贪得无厌,肯定会有麻烦;帝王要贪得无厌,天下就会祸乱不止,兵革丛生。因此,人应当学会知足。学会知足,很重要的一点就是要学会放弃。人们通常都想获取,而不愿意放弃,更不愿意把到手的东西放弃掉。其实,放弃比获取更重要,也更难。一个懂得放弃的人,才是真正懂得获取的人。放弃与人的恩恩怨怨,才能赢得别人的支持;放弃过去的成就,才能赢得未来更大的成就;放下包袱,才能轻装上阵;放下屠刀,才能立地成佛。试看庄子讲的故事,父亲把千金之珠敲碎,才使儿子的生命得到保全。如果不放弃,而是让他的儿子再去弄一个,可能他儿子的性命就难保了。一个人什么都想要,很可能最终什么也得不到。

一七 鉴远忘知

不出户①,知天下;不窥牖②,见天道。其出弥远③,其知弥少。是以圣人不行而知,不见而明,不为而成。

（四十七章）

【注释】

①户:单扇门。

②窥:窃视。 牖(yǒu):窗子。

③弥:愈,更加。

【译文】

不用出门,就能够知道天下的事理;不用望着窗外,就能了解自然的规律。越往外追逐,所能够知道的事理就越少。所以,圣人不用出行就能知晓,不用去看就能明白,不用作为就能成就。

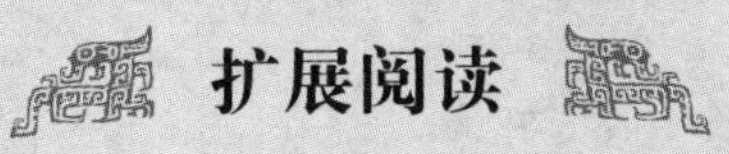

扩展阅读

孔子行年五十有一而不闻道,乃南之沛见老聃①。

老聃曰:"子来乎?吾闻子,北方之贤者也,子亦得道乎?"

孔子曰:"未得也。"

老子曰:"子恶乎求之哉?"

曰:"吾求之于度数②,五年而未得也。"

老子曰："子又恶乎求之哉？"

曰："吾求之于阴阳，十有二年而未得。"

老子曰："然。使道而可献，则人莫不献之于其君；使道而可进，则人莫不进之于其亲；使道可以告人，则人莫不告其兄弟；使道而可以与人，则人莫不与其子孙。然而不可者，无它也，中无主而不止[3]，外无正而不行[4]。由中出者，不受于外，圣人不出；由外入者，无主于中，圣人不隐。名，公器也，不可多取；仁义，先王之蘧庐也[5]，止可以一宿而不可以久处；觏而多责[6]。古之至人，假道于仁，托宿于义，以游逍遥之墟，食于苟简之田[7]，立于不贷之圃。逍遥，无为也；苟简，易养也；不贷，无出也[8]。古者谓是采真之游[9]。以富为是者，不能让禄；以显为是者，不能让名；亲权者，不能与人柄。操之则栗，舍之则悲，而一无所鉴，以窥其所不休者[10]，是天之戮民也。怨恩取与谏教生杀，八者，正之器也，唯循大变无所湮者用之。故曰，正者，正也。其心以为不然者，天门弗开也[11]。"

（《庄子·天运》）

【注释】

①沛：今江苏省沛县。

②度数：制度名数。

③中无主而不止：心中不自得则道不停留。

④正：证。

⑤蘧（qú）庐：草屋。

⑥觏（gòu）：见。

⑦苟简：简略。

⑧无出：不费力，无费于我。

⑨采真：探求内真。

⑩所不休：迷而不知返。

⑪天门：心。

【译文】

孔子五十一岁还没有得道，于是往南去沛地拜见老聃。

老聃说："你来了吗？我听说你是北方的贤人，你也得道了吗？"

孔子说："还没有得到。"

老子说："你怎么去求的呢？"

孔子说："我到制度名数中去寻求，求了五年也没有得到。"

老子说："你又到哪去求了呢？"

孔子说："我又到阴阳的变化中去寻求，求了十二年也没有求得。"

老子说："对。假如道可以进献，那么就没有人不把它进献给君主；假如道可以进供，那么就没有人不把它进供给自己的父母；假如道可以告诉别人，那么就没有人不把它告诉自己的兄弟；假如道可以给予他人，那么就没有人不把它传给自己的子孙。然而这是不可能的，没有别的什么原因，心中不能自得则道不停留，向外不能应证则道不通行。出自内心的领悟，不从身外领受，因而圣人不显露；由外进入的东西，不主宰内心，因而圣人不隐遁。名，是天下的公器，不可以多取；仁义，是先王的草屋，只可以住一宿而不可以住得时间太长；形迹昭彰便会多有责难。古代道德修养高的人，借道于仁，托宿于义，以悠游于逍遥的境地，生活在简易的田地，立身于不施与的园圃。逍遥，就是无为；简易，就容易生存；不施与，就是没有耗费。从前称这是'采真之游'。追求财富的人，不能让利禄；追求显耀的人，不能让名；迷恋权力的人，不能让权柄；得到的时候就发抖，丢舍了则悲伤，这种人心中没有一丝明见，以反视自己所不停追逐的东西是否值得，从自然的道理看来，他们像受着刑戮的人。怨、恩、取、与、谏、教、生、杀这八者，是正己正人的工具，只有顺应自然的变化而不被物欲所淹没的人，才能用它们。所以说，自正的人，才能正人。如果心里认为不是这样，那就是心灵还没有开窍。”

点评

老子注重内在的直观自省，而不看重外在的经验知识。在他看来，人的心本来是虚静灵明的，人只要除却心灵的尘垢，就可洞察事物的真情实况。这种注重返观内省的认识论，是中国传统最基本的认识理论。孔子也讲“我欲仁，斯仁至矣”，孟子也说“万物皆备于我，反身而诚，乐莫大焉”。因而，人不必驰逐于外，如果要向外追寻，那么越追寻则离道越远。孔子求道数十年而未得道，就是因为从外在的知识上寻求。不过，用现在的眼光看，知识见闻不可作为求道的凭借，也不应废止；思虑也是如此。人应当时时返观内省，但一味如此，就会落入神秘主义的泥坑。

为学日益[①]，为道日损[②]。损之又损，以至于无为。

（四十八章）

【注释】

①为学：指对于仁义、圣智、礼法的追求。这些学问可以增加人的知见与智巧。

②道：指自然之道，无为之道。

【译文】

研究仁义、礼法这些世俗的学问，伪作奸邪一天天增多；修行自然之道，私欲一天天减少。减约而又减约，一直达到无为。

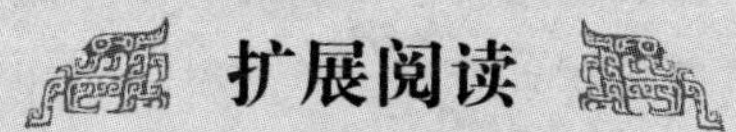

扩展阅读

颜回曰："回益矣。"

仲尼曰："何谓也？"

曰："回忘礼乐矣。"

曰："可矣，犹未也。"

他日，复见，曰："回益矣。"

曰："何谓也？"

曰："回忘仁义矣。"

曰："可矣，犹未也。"

他日，复见，曰："回益矣。"

曰："何谓也？"

曰："回坐忘矣。"

仲尼蹴然曰[①]："何谓坐忘？"

颜回曰："堕肢体，黜聪明，离形去知，同于大通②，此谓坐忘。"

仲尼曰："同则无好也，化则无常也③，而果其贤乎！丘也请从而后也。"

（《庄子·大宗师》）

【注释】

①蹴（cù）然：惊异不安的样子。

②大通：一切无碍。

③常：指执滞而不变通。

【译文】

颜回说："我进步了。"

孔子说："什么意思呀？"

颜回说："我忘掉礼乐了。"

孔子说："很好，但是还不够。"

过了几天，颜回又见孔子，说："我进步了。"

孔子说："什么意思呀？"

颜回说："我忘掉仁义了。"

孔子说："很好，但是还不够。"

过了几天，颜回又见孔子，说："我进步了。"

孔子说："什么意思呀？"

颜回说："我坐忘了。"

孔子惊奇地说："什么叫坐忘？"

颜回说："遗忘了自己的肢体，抛弃了自己的聪明，离弃形体，忘掉知识，与大道融通为一，这就叫坐忘。"

孔子说："与大道融通为一就没有偏私，与万物一起变化就没有偏执，你果真是个贤人啊！我也请求追随在你的后边。"

点 评

直观内省的体认方式和注重知识积累的认知方式，两者最大的不同，就是前者要忘、损，后者则要记、益。人要获得对客观世界的经验知识，就必须不断学习、记忆和思考，日积月累，知识就越来越丰富。求道或者说获得内在的体验则不然，必须能忘，不仅要忘掉世俗的知识、规范、价值，而且要忘掉自身的存在，才能从外在的种种束缚中超越出来，体味到宇宙生命的真实。老子和庄子都反对“为学”，反对积累知识，而主张直观内省。老子和庄子所主张的直观内省，与儒家还有所不同，儒家的内省是用一个外在的标准，如仁，作为内省的标尺，而道家的内省严格来讲不是内省，而是忘怀一切的纯粹直观。

一八　浑心袭常

圣人常无心①,以百姓心为心。善者,吾善之;不善者,吾亦善之,德善②。信者,吾信之;不信者,吾亦信之,德信。圣人在天下,歙歙焉③,为天下浑其心④,百姓皆注其耳目⑤,圣人皆孩之⑥。

（四十九章）

【注释】

①常无心:永远没有私心。

②德:通“得”。

③歙(xī)歙:收敛,谨慎。

④浑:使……浑沌。

⑤注:专注。

⑥孩:婴孩,儿童。此处为使动用法。

【译文】

有道的人永远没有私心,以百姓的心为心。善良的人,我善待他;不善良的人,我也善待他,这样可使人人向善。守信的人,我信任他;不守信的人,我也信任他,这样可使人人守信。有道的人治理天下,收敛自己的意志,使天下之人的心灵归于浑沌朴拙,百姓都关注他们自己的耳目是否聪明,有道的人都要让他们复归到婴孩般纯真的状态。

扩展阅读

蒋闾葂见季彻曰[①]:“鲁君谓葂也曰:‘请受教。’辞不获命,既已告矣,未知中否,请尝荐之。吾谓鲁君曰:‘必服恭俭,拔出公忠之属而无阿私,民孰敢不辑[②]。’”

季彻局局然笑曰[③]:“若夫子之言,于帝王之德,犹螳螂怒其臂以当车轶[④],则必不胜任矣。且若是,则其自为处危[⑤],其观台多物[⑥],将往投迹者众。”

蒋闾葂覤覤然惊曰[⑦]:“葂也汒若于夫子所言矣。虽然,愿先生之言其风也[⑧]。”

季彻曰:“大圣之治天下也,摇荡民心[⑨],使之成教易俗,举灭其贼心而皆进其独志[⑩],若性之自为,而民不知其所由然。若然者,岂兄尧舜之教民,溟涬然弟之哉[⑪]?欲同乎德而心居矣[⑫]。”

(《庄子·天地》)

【注释】

①蒋闾和季为姓。葂(miǎn)和彻为名。不知何许人。

②辑:和。

③局局然:笑的样子。

④轶:同“辙”,古字相通。

⑤处危:身处高危。

⑥观台:君主的居所,喻指朝廷。 物:事。

⑦覤(qù)覤然:惊讶的样子。

⑧言其风:言其大略。“风”当读为“凡”,犹云“言其大凡”。

⑨摇荡民心:使民心自由放任。“摇荡”即“遥荡”,自由放纵之意。

⑩贼心:智巧之害心。 独志:个体独化的心志。

⑪岂兄尧舜之教民，溟涬然弟之哉：何必推崇尧舜教化民众的方式，低头甘心跟从他们呢？兄，尊重，推崇。溟涬(míngxìng)，低头甘心。

⑫心居：心安。居，安定。

【译文】

蒋闾葂见季彻说："鲁侯对我说：'请指教。'我推辞不掉，就跟他说了说，我不知道说的对不对，让我讲给你听听。我对鲁侯说：'为政一定要恭敬节俭，选拔公正忠实的人而没有偏私，民众谁敢不和呢。'"

季彻听了吃吃地笑着说："如果按照先生说的话来成就帝王的德业，那么就像螳螂奋力地举起手臂来阻挡车辙一样，是一定不能胜任的。如果真的按照你说的去做，那么朝廷就会多事，前往归附以邀富贵的人就多了。"

蒋闾葂吃惊地说："我对先生所说的感到很茫然。不过，还请先生说个大概。"

季彻说："伟大的圣人治理天下，让民心自由放任，使人民成教易俗，消除民众的贼害之心而增进其独化的心志，就像本性自然如此，而民众也不知道为什么会这样。如果这样的话，又何必推崇尧舜教化民众的方式，低头甘心跟着他们呢？圣人只求让民众与自然之德融通为一而心安呀。"

点 评

老子主张得道的人治理天下，没有私心、私见，对善良与不善良的人、诚实与不诚实的人一视同仁。这是一种朴素的平等和民本思想。善与不善的划分，是用社会的、人为的、约定俗成的标准。这种标准是相对的，甲认为善的东西，乙可能认为是不善，反之亦然。既然用相对的标准来划分，那么划分的结果也是相对的，因此并没有绝对可靠的理由支持我们不善待不善的人。换言之，善良的人与不善良的人都是人，作为人，他们是平等的，至于道德修养和行为上的不同，并不应该成为不平等对待他们的理由。只有不用道德的标准来衡量人而平等待人，才能得人。

天下有始[1]，以为天下母[2]。既得其母，以知其子[3]；既知其子，复守其母，没身不殆。

（五十二章）

【注释】

①始：本始，指“道”。
②母：本原。
③子：指万物。

【译文】

天下有本始，作为天地万物的根源。已经知晓万物的根源，就能认识万物；已经认识万物，还仍然持守天地万物的根源，终身都没有危殆。

扩展阅读

肩吾问于孙叔敖曰[1]：“子三为令尹而不荣华[2]，三去之而无忧色。吾始也疑子，今视子之鼻间栩栩然[3]，子之用心独奈何？”

孙叔敖曰：“吾何以过人哉！吾以其来不可却也，其去不可止也，吾以为得失之非我也，而无忧色而已矣。我何以过人哉！且不知其在彼乎[4]，其在我乎？其在彼邪？亡乎我[5]。其在我邪？亡乎彼。方将踌躇，方将四顾，何暇至乎人贵人贱哉！”

仲尼闻之曰：“古之真人，知者不得说[6]，美人不得滥[7]，盗人不得劫，伏羲、黄帝不得友。死生亦大矣，而无变乎己，况爵禄乎！若然者，其神经乎大山而无介[8]，入渊泉而不濡[9]，处卑细而不惫，充满天地，既以与人，己愈有。”

（《庄子·田子方》）

【注释】

①肩吾:隐士。

②令尹:楚国官名,相当于宰相,为最高行政官吏。

③栩栩然:形容生动活泼的样子,这里引申为欣然自适的样子。

④其:指尊贵。　彼:指令尹的官职。

⑤亡:失。

⑥说:游说,说服。

⑦滥:觊觎,即产生淫乱的念头。

⑧介:阻碍。

⑨濡(rú):沾湿。

【译文】

肩吾问孙叔敖说:"你三次做令尹而不感到显达,三次离职而没有忧色。我起初怀疑你,现在看到你眉宇之间欣然自适,你是怎么想的呢?"

孙叔敖说:"我哪有什么过人之处!我觉得官职之来不可推却,失去也不能阻止,我认为官职的得与失并不在于我,于是就没有忧愁罢了。我哪有什么过人之处啊!况且不知道尊贵是在令尹这个官职呢,还是在于我自身呢?尊贵是在令尹这个官职吗?就和我无关。尊贵是在我自身吗?那就与令尹这个官职无关。我逸豫自得,高视八方,哪里有空去考虑人间的贵与贱啊!"

孔子听到以后说:"古时的真人,智者不能游说他,美人不能淫乱他,强盗不能劫持他,伏羲、黄帝也不能和他为友。死生也是非常大的事了,但对他也没有影响,更何况是爵禄呢!这样的人,他的精神穿过大山也没有阻隔,进入深渊也不会被弄湿,处在卑微之地也不厌倦,充满天地之间,越是给予别人,自己获得的就越多。"

点评

人守道而不失，就不会以世俗的得失为意，也就没有忧患。孙叔敖三次做令尹而没有觉得显达，三次离职也不以为意，就是因为他是一个得道的人。对他来讲，让他去做官，推托不掉就去做；让他离职，他也阻止不了。做官还是不做，他都不觉得与自己有多大的关系。有这样的认识和心态，就对爵禄看得很淡。道家所推重的就是这种人格。儒家则不然，所谓“达则兼济天下，穷则独善其身”，表面上看起来也很豁达，实际上还是以穷、达作为自己行为的依据。道家则不是这样。穷也好，达也罢，都无所谓，自己还是自己，该怎么做还是怎么做。所以，就做人而言，道家比儒家真实。

塞其兑[①],闭其门[②],终身不勤[③]。开其兑,济其事[④],终身不救。

(五十二章)

【注释】

①兑:口,指嗜欲的感官。兑为八卦之一,《周易·说卦》曰:“兑,说也。”“兑为口。”“兑为口舌。”

②门:门径。

③勤:劳。

④济:增加。

【译文】

堵塞嗜欲的孔窍,关闭嗜欲的门径,终身都不会有劳碌烦扰。打开嗜欲的孔窍,增添繁杂的事务,终身都无法救治。

扩展阅读

孔子愀然而叹[①],再拜而起曰:“丘再逐于鲁,削迹于卫,伐树于宋,围于陈蔡。丘不知所失,而离此四谤者何也[②]?”

客凄然变容曰:“甚矣子之难悟也!人有畏影恶迹而去之走者[③],举足愈数而迹愈多[④],走愈疾而影不离身,自以为尚迟,疾走不休,绝力而死。不知处阴以休影,处静以息迹,愚亦甚矣。子审仁义之间,察同异之际,观动静之变,适受与之度,理好恶之情,和喜怒之节,而几于不免矣。谨修而身[⑤],慎守其真,还以物与人[⑥],则无所累矣。今不修之身而求之人,不亦外乎[⑦]?”

(《庄子·渔父》)

【注释】

①愀(qiǎo)然:面带愧色的样子。

②离:罹,遭受。

③去:避离。　走:跑。

④数:通"速"。

⑤而:你。

⑥还以物与人:让物与人都返归自然,听任物与人自便。

⑦外:注重外在的东西,言外之意是颠倒了本末。

【译文】

孔子面露愧色而叹息,拜两次而起说:"我两次被鲁国驱逐,在卫国被禁止居留,在宋国遭到伐树的侮辱,在陈蔡之间被围困。我不知道自己犯了什么过错,为何要遭受这四种毁辱?"

客人悲伤变色说:"你真是太难觉悟了!有人畏惧身影、厌恶足迹,就想通过跑的办法来抛开,抬足次数越多足迹也越多,跑得很快影子也不离身,他自认为可能是跑得慢了,就快跑不停,结果气力衰竭而死亡。这个人不知道到阴暗的地方身影就会消失,静下来足迹自然没有,也是太愚蠢了。你留心于仁义之间,明辨同异的分界,观察动静的变化,调适取舍之度,梳理好恶的情感,调和喜怒的分寸,于是不免于有灾祸。你要谨慎地修身,慎重地持守本真,听任事物与人自便,就没有什么滞累。现在你自己不修身而求责于他人,不是颠倒本末了吗?"

点评

俗话说"欲壑难填",人如果有了欲望,那么就会不停地追名逐利,很难有休止的时候。追求金钱的人在很累很烦的时候讲,我再赚一点就不赚了,其实很难做到。只要有赚钱的心在,不管多累多烦,还会拼命去赚。人误认为自己能够控制住欲望，其实不然。欲望就像一架会自动运转的机器，只要被启动，就很难停下来。欲望有它的惯性，不是想控制就能控制的。如果说人真能控制欲望的话，那么唯一的方式不是去控制它，而是根除它。人只有根除欲望，而不是控制欲望，才能不被欲望所控制。

见小曰明[①],守柔曰强。用其光[②],复归其明[③],无遗身殃;是为袭常[④]。

(五十二章)

【注释】

①小:细微。

②光:智慧之光。

③明:内省之明。

④袭常:承袭永恒的道。

【译文】

能察见细微的叫"明",能持守柔弱的叫"强"。用智慧之光,返照内在的"明",不给自己带来灾殃;这就叫永继不绝的常"道"。

扩展阅读

老聃之役[①],有庚桑楚者[②],偏得老聃之道[③],以北居畏垒之山,其臣之画然知者去之[④],其妾之挈然仁者远之[⑤],拥肿之与居[⑥],鞅掌之为使[⑦]。居三年,畏垒大穰。畏垒之民相与言曰:"庚桑子始来,吾洒然异之[⑧]。今吾日计之而不足,岁计之而有余。庶几其圣人乎。子胡不相与尸而祝之[⑨],社而稷之乎?"

庚桑子闻之,南面而不释然。弟子异之。庚桑子曰:"弟子何异于予?夫春气发而百草生,正得秋而万宝成。夫春与秋,岂无得而然哉?天道已行矣!吾闻于至人,尸居环堵之室[⑩],而百姓猖狂不知所往。今以畏垒之细民而窃窃焉欲俎豆予于贤人之间[⑪],我其杓之人邪[⑫]?吾是以不释于老聃之言。"

弟子曰："不然。夫寻常之沟，巨鱼无所还其体[13]，而鲵鳅为之制；步仞之丘，巨兽无所隐其躯，而孽狐为之祥[14]。且夫尊贤授能，先善与利，自古尧舜以然，而况畏垒之民乎！夫子亦听矣。"

庚桑子曰："小子来！夫函车之兽[15]，介而离山[16]，则不免于网罟之患；吞舟之鱼，砀而失水[17]，则蚁能苦之。故鸟兽不厌高，鱼鳖不厌深。夫全其形生之人，藏其身也，不厌深眇而已矣。且夫二子者[18]，又何足以称扬哉！是其于辩也，将妄凿垣墙而殖蓬蒿也。简发而栉[19]，数米而炊，窃窃乎又何足以济世哉！举贤则民相轧，任知则民相盗。之数物者，不足以厚民。民之于利甚勤，子有杀父，臣有杀君，正昼为盗，日中穴阫[20]。吾语女，大乱之本，必生于尧舜之间，其末存乎千世之后[21]。千世之后，其必有人与人相食者也！"

（《庄子·庚桑楚》）

【注释】

①役：役使，这里指学徒、弟子。

②庚桑楚：人名，姓庚桑，名楚。

③偏得：独得。

④画然：明察炫耀的样子。

⑤挈（qiè）然仁者：标举仁爱的人。挈然，显示的样子。

⑥拥肿：形容纯朴。

⑦鞅掌：劳苦奔走之人。

⑧洒然：微微吃惊的样子。

⑨尸而祝之：把他敬奉为神明。尸，主。祝，祭礼时主祭人的贺词。

⑩尸居：宁寂居处。　环堵之室：四周一方丈的小屋。堵，一方丈。

⑪细民：庶民百姓。　窃窃焉：私下交谈的样子。　俎（zǔ）豆：都是古代祭祀时的祭器，这里是供奉的意思。

⑫杓（dí）：指众人注目的存在。

⑬还(xuán):通“旋”,回转。
⑭孽(niè)狐:妖狐。
⑮函车之兽:兽之口巨大,能含车。函,通“含”。
⑯介:独,孤单。
⑰砀(dàng):同“荡”,波荡。
⑱二子:指尧和舜。
⑲简:通“柬”,选择。　栉(zhì):梳头发。
⑳穴阫(péi):穿墙。阫,墙。
㉑末:指流毒与遗言。

【译文】

老聃的学生中有个名叫庚桑楚的,独得老聃之道,到北方居住在畏垒的山上,他的仆人中有炫耀聪明的被辞掉,侍女中有标举仁义的被疏远,愚钝质朴的和他住在一起,勤劳的留下使用。住了三年之后,畏垒大丰收。畏垒的民众相互说:“庚桑子刚来的时候,我对他感到诧异。现在我以时日计之还觉得不足,以长远的岁月来计算则是有余的。他差不多是圣人吧。为什么不一起来尊他为君主而颂祷他,立社稷而敬奉他呢?”

庚桑子听说要让他南面为君,心里不愉快。弟子们觉得奇怪。庚桑子说:“你们为什么觉得我怪异呢?春气发动而百草生长,正逢秋季而万实成熟。春生秋实,难道无缘无故就会这样吗?乃是自然之道的运行啊!我听至人说过,自己安居在方丈小屋之内,而百姓随心所欲、悠游自得。现在畏垒小民暗暗地要把我敬奉于贤人之间,我难道是要引人注目的人吗?面对老聃的教诲,我因此而感到不安。”

弟子说:“不是这样。小水沟里,大鱼无法转动身体,而泥鳅之类的小鱼却能往来自如;小丘陵上,巨兽无处隐藏身躯,而妖狐却觉得很好。况且尊贤授能，赏善施利，自古尧舜就是这样，何况是畏垒的民众呢！先生就听随他们吧。”

庚桑子说：“年轻人过来！口能含车的大兽，独自离开山林，就不免于要遭捕杀之患；能吞船的大鱼，游出江河而失水，蚂蚁就能使它困苦不堪。所以，鸟兽不嫌山高，鱼鳖不嫌水深。全形养身的人，敛藏自己，也不嫌深远而已。况且尧舜这两个人，又哪里值得称颂呢！像他们那样分别贤愚善恶，就如妄自毁掉城墙而种植蓬蒿作为屏障一样。拣择头发来梳理，数着米粒来煮饭，这样察察然又怎么能够救世呢！标举贤能则民众就会相互倾轧，任用智巧则民众相互盗取。这些东西，都不能够使民众变得淳厚。民众贪利之心非常殷切，为了利，做儿子的杀了父亲，做臣子的杀了君主，大白天去抢劫，正中午穿墙入室偷盗。我告诉你，大乱的本源，一定是起于尧舜的时候，流弊要波及千世之后。千世之后，必定会有人吃人的事！”

点评

能够见微知著的人才是有智慧的人，能够处弱不争的人才是强人。能够运用智慧之光返照内在的光明，守住常道，才不会给自己带来灾殃。老聃的弟子庚桑楚可以说是能够见微知著而持守柔弱不争之道。对于民众的拥戴，庚桑楚不是感到高兴，而是非常忧虑。普通的百姓都因得利而有尊贤之心，可见所谓利与贤的思想对人的影响是多么深。也许如此一来，天下就要大乱。历史的发展也确如庚桑楚所料，礼教吃人、人吃人的事情在此后不绝如缕。

一九 无施守柔

使我介然有知①,行于大道,唯施是畏②。大道甚夷③,而民好径④。朝甚除⑤,田甚芜,仓甚虚;服文彩,带利剑,厌饮食⑥,财货有余;是谓盗夸⑦。非道也哉。

(五十三章)

【注释】

①使:假如。 介:微小,稍微。

②施(yí):斜,邪。

③夷:平坦。

④径:邪路。

⑤除:修饰。

⑥厌:饱足。

⑦盗夸:大盗,强盗的首领。

【译文】

假如我稍微有一点认识,行走于大道之上,唯一担心的就是走上邪路。大道极为平坦,可是人却喜欢走邪径小路。朝廷装饰豪华,极为腐败,农田非常荒芜,仓库十分空虚;还穿着锦绣的衣服,带着锋利的宝剑,吃着精美的食物,搜刮来的财物用也用不完;这种人简直是强盗头子。实在是太不合乎道了。

扩展阅读

闻在宥天下[①],不闻治天下也。在之也者,恐天下之淫其性也[②];宥之也者,恐天下之迁其德也。天下不淫其性,不迁其德,有治天下者哉!昔尧之治天下也,使天下欣欣焉人乐其性,是不恬也;桀之治天下也,使天下瘁瘁焉人苦其性[③],是不愉也。夫不恬不愉,非德也。非德也而可长久者,天下无之。

人大喜邪?毗于阳[④];大怒邪?毗于阴。阴阳并毗,四时不至,寒暑之和不成,其反伤人之形乎!使人喜怒失位,居处无常,思虑不自得,中道不成章,于是乎天下始乔诘卓鸷[⑤],而后有盗跖、曾、史之行。故举天下以赏其善不足,举天下以罚其恶不给,故天下之大,不足以赏罚。自三代以下者,匈匈焉终以赏罚为事[⑥],彼何暇安其性命之情哉!

(《庄子·在宥》)

【注释】

①在:自由。　宥(yòu):宽恕。

②淫:扰乱。

③瘁(cuì)瘁焉:忧愁的样子。

④毗(pí):损伤。

⑤乔:好高而过当。　诘:议论相诘责。　卓:孤立。　鸷(zhì):猛厉。

⑥匈匈:即"讻讻",喧嚣吵嚷的样子。

【译文】

只听说让天下放任自在,没有听说过要有意去治理天下。让天下悠游自在,是因为担心天下之人的本性被扰乱;让天下宽容自得,是因为担心天下之人的常德被改变。天下人的本性不被扰乱，常德不被改变，哪里还用治理天下呢！从前尧治理天下，使天下的人高兴快乐而乐了人的本性，这是让人不恬静；桀治理天下的时候，使天下的人忧愁疲惫而苦了人的本性，这是让人不欢愉。不恬静与不欢愉，都是违背常德的。违背常德而能够长久，是天下没有的事。

人过于快乐，就会伤害阳气；过于愤怒，就会伤害阴气。阴阳之气都受伤害，则四时不能按时而至，寒暑不能调和，岂不反而伤害到人体啊！让人喜怒失常，胡为妄动，思虑不能自主，行事中途欠缺条理，于是天下骄伪乖戾，而后就会有盗跖、曾参、史鳍之类的行为。因此，用尽天下的力量不足以奖赏善行，用尽天下的力量也不足以惩罚恶事，所以天下虽大，不足以处理奖赏和惩罚。自从三代以来，天下喧嚣着以赏罚为能事，他们哪里有时间来安定性命之情啊！

点评

“唯施是畏”的“施”与“迤”同，就是邪路的意思。所谓邪路，就是后面所讲的腐败、奢侈、搜刮民脂民膏等强盗行径。老子在周王室呆的时间足够长，对周王室和诸侯们了解甚深，对各种腐败行径也知道得足够多，因而在他看来，这些所谓的统治者与强盗们并无分别。这也就是庄子所讲的“窃钩者诛，窃国者为诸侯”。更为可恨的是，这些人还打着治天下的幌子，整天还叫嚷着爱民、为民，标榜自己是大公无私的。其实，不仅当时如此，此后的历朝历代又何尝不是这样。遗憾的是，老子和庄子的所见不可谓不深刻，而提出的解决办法，还是寄希望于统治者能够自觉地管束自己。

善建者不拔[1]，善抱者不脱[2]，子孙以祭祀不辍[3]。修之于身，其德乃真；修之于家，其德乃余；修之于乡，其德乃长[4]；修之于邦，其德乃丰；修之于天下，其德乃普。

（五十四章）

【注释】

①拔：拔除。

②抱：牢固。　脱：脱离。

③辍（chuò）：停止，断绝。

④长：尊崇。

【译文】

善于建树的不可拔除，善于抱持的不会脱落，如果子孙能遵行这个道理，那么世世代代的祭祀都不会断绝。用这个道理来修身，他的德才会是真实的；贯彻到一家，他的德就可以有余；贯彻到一乡，他的德才会受到尊重；贯彻到一国，他的德才能丰盛；行使于天下，他的德就能普遍。

扩展阅读

泉涸[1]，鱼相与处于陆，相呴以湿[2]，相濡以沫，不如相忘于江湖。与其誉尧而非桀，不如两忘而化其道。

夫藏舟于壑[3]，藏山于泽，谓之固也。然而夜半有力者负之而走，昧者不知也。藏小大有宜[4]，犹有所遁。若夫藏天下于天下而不得所遁，是恒物之大情也。特犯人之形而犹喜之[5]。若人之形者，万化而未始有极也，其为乐可胜计邪！故圣人将游于物之所不得遁而皆存。善夭善老，善始善终，人犹效之，又况万物之所系，而一化之所待乎[6]！

（《庄子·大宗师》）

【注释】

①涸(hé)：干。

②呴(xù)：嘘吸。

③壑(hè)：山谷。

④藏小大：即藏小于大。

⑤犯：通“范”，遇。

⑥一化之所待：一切变化所依恃的，即“道”。

【译文】

泉水干涸，鱼儿被一起困在陆地上，用湿气互相嘘吸，用口沫相互湿润，比不上在江湖里彼此相忘。与其赞誉尧而非议桀，不如把两者的是是非非都忘掉而融化于大道之中。

把船藏在山谷里面，把山藏在深泽之中，可以说是很牢固的了。不过半夜的时候有力气的人把它们背着跑了，愚昧的人却不知道。把小的东西藏在大的东西里面是合适的，然而还会有亡失。如果把天下交付给天下就不会亡失了，这是万物的真实情形。人们只获得人的形躯就喜形于色。如果知道人的形体千变万化而不能穷尽，那么这种欢乐又能数得清吗！所以，圣人要悠游于万物都不会亡失而和大道共存。对于早夭与长寿、生与死都能妥善处置的人，人们尚且加以效仿，又何况那万物的根源，一切变化所依恃的大道呢！

点 评

“善建”“善抱”，可以理解为一般的善于建树、善于抱持，也可以理解为建的对象是德，而抱的对象是“道”。不管是哪一种理解都反映出老子强调修身的思想。强调修身，可以视为“内圣”；而推及于家、国、天下，则可以视为“外王”。因此，可以说道家也是讲内圣外王的。不过，道家的内圣和儒家的内圣有根本的区别。道家的内圣，不是用世俗的、外在的标准，如仁、义、礼、智之类，而是用自然的、内在的东西即道、天来修身。道家讲内圣的目的，也不是像儒家那样为了外王。外王对道家而言，不过是内圣的自然延伸，实是内圣的余事。内圣外王之事，都涉及人与人的关系。道家不像儒家要人与人相敬相爱，更不是让人与人之间的关系如胶似漆，而是希望达到人与人之间的关系如鱼在水而自然相忘。善于建树和善于抱持的人，对待他人与外物，都是采取这种态度。

知和曰常[①],知常曰明。益生曰祥[②],心使气曰强[③]。物壮则老,谓之不道,不道早已。

(五十五章)

【注释】

①常:指永恒不变的规律。

②益生:纵欲贪生。 祥:作妖祥、不祥解。

③心使气:欲念放纵任气。 强:逞强,暴。

【译文】

知道淳和就叫"常",知道"常"就叫"明"。贪生纵欲就是灾殃,欲念支配精气就叫逞强。事物强壮起来就会趋于衰老,这就叫不合于"道",不合于"道"很快就会消亡。

扩展阅读

颜渊东之齐[①],孔子有忧色,子贡下席而问曰:"小子敢问,回东之齐,夫子有忧色,何邪?"

孔子曰:"善哉汝问。昔者管子有言[②],丘甚善之,曰:'褚小者不可以怀大[③],绠短者不可以汲深[④]。'夫若是者,以为命有所成而形有所适也,夫不可损益。吾恐回与齐侯言尧舜黄帝之道,而重以燧人神农之言。彼将内求于己而不得,不得则惑,人惑则死。且女独不闻邪?昔者海鸟止于鲁郊,鲁侯御而觞之于庙[⑤],奏九韶以为乐[⑥],具太牢以为膳[⑦]。鸟乃眩视忧悲,不敢食一脔[⑧],不敢饮一杯,三日而死。此以己养养鸟也,非以鸟养养鸟也。夫以鸟养养鸟者,宜栖之深林,游之于坛陆[⑨],浮之江湖,食之鳅鲦[⑩],随行列而止,委蛇而处。彼唯人言之恶闻,奚以诧诧为乎[⑪]!咸池九韶之乐,张之洞庭之野,鸟闻之而飞,兽闻之而走,鱼闻之而下人,人卒闻之[⑫],相与还而观之。鱼处水而生,人处水而死,彼必相与异，其好恶故异也。故先圣不一其能，不同其事。名止于实，义设于适，是之谓条达而福持⑬。”

（《庄子·至乐》）

【注释】

①颜渊：与下文的子贡都是孔子的弟子。

②管子：即管仲，春秋时期大政治家，辅佐齐桓公成为春秋首霸。

③褚（zhǔ）：布袋。

④绠（gěng）：汲水桶上的绳索。

⑤御：迎。　觞（shang）：向人敬酒。

⑥九韶：古代著名的乐曲之名。

⑦太牢：古代祭祀时牛、羊、猪三牲全备。

⑧脔（luán）：切成块状的肉。

⑨坛（chán）：通“澶”，“坛陆”即水中的沙洲。

⑩鲦（yóu）：白鱼子。

⑪譊（náo）譊：喧闹嘈杂。

⑫人卒：人众。

⑬条达：条理通达。　福持：福德长久地保持。

【译文】

颜渊往东到齐国去，孔子面露忧愁，子贡离开座席而问道：“学生冒昧地问一下，颜回东去齐国，老师您面露忧愁，为什么呢？”

孔子说：“你问得很好。从前管子有句话，我觉得很好，他说：‘布袋小不能装大的东西，绳索短不可以汲取深井的水。’这样说来，就是认为性命有它形成的道理，而形体有它适宜的地方，这是不能够改变的。我担心颜回跟齐侯讲尧舜黄帝治理天下之道，又增益以燧人神农的观点。齐侯听了就会内求于自身，然而却不能明了，不能明了就会疑惑，让别人疑惑自己就有灭顶之灾。你难道没有听说过这样一个故事吗？从前有只海鸟停在鲁国的郊外，鲁侯把它迎进太庙，送给它酒喝，演奏九韶让它快乐，宰杀牛羊猪来喂它。于是这只海鸟眼睛昏花，忧愁悲戚，不敢吃一块肉，不敢饮一杯酒，三天之后就死了。这是用保养自己的方式来养鸟，不是用养鸟的方式来养鸟。用养鸟的方式来养鸟，应当让鸟栖息于深林之内，漫游于沙滩之上，飘浮在江湖之中，啄食小鱼，随着鸟群而止息，自由自在地生活。鸟最怕听到人的声音，为什么还要吵闹它呢！咸池九韶之类的音乐，在广漠的原野上演奏，鸟儿听见了就要飞走，野兽听到了就会逃避，鱼儿听见了就会潜入水中，然而人们听见了就会围过来欣赏。鱼儿在水里才能生存，人要是生活在水里就会死去，鸟与人必定有所不同，所以两者的好恶也就不一样。因此，先圣不求人的才能整齐划一，不求人们做同样的事。名与实要相符，事理的设立要适宜，这就叫条理通达而福分常在。”

点评

修身、养生要顺其自然，而处理人间事务，更要顺应自然，过分强求，难免招灾惹祸。以养人的办法来养鸟，鸟会死亡；而强行劝说根本没有善心的当权者向善，自己就会有灭顶之灾。这都是处置不当、逆自然而行的结果。

二〇　和光同尘

知者不言[①],言者不知[②]。

（五十六章）

【注释】

①知者不言:表面意思是知道的人不说话,深层意思是智者不向人民施加政令。"知"作"智"解。

②言者不知:表面意思是说话的人不知道,深层意思是发号施令的人不是智者。"知"同样作"智"解。

【译文】

智者是不向人民施加政令的,施加政令的人就不是智者。

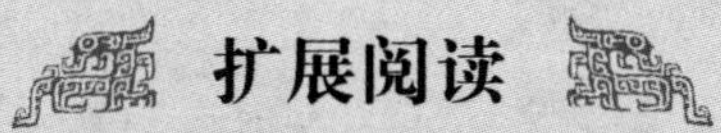

扩展阅读

知北游于玄水之上[①],登隐弅之丘而适遭无为谓焉。知谓无为谓曰:"予欲有问乎若,何思何虑则知道[②]?何处何服则安道?何从何道则得道?"三问而无为谓不答焉,非不答,不知答也。

知不得问,反于白水之南,登狐阕之上,而睹狂屈焉。知以之言也问乎狂屈。狂屈曰:"唉!予知之,将语若,中欲言而忘其所欲言[③]。"

知不得问,反于帝宫,见黄帝而问焉。黄帝曰:"无思无虑始知道,无处无服始安道,无从无道则得道。"

知问黄帝曰:"我与若知之,彼与彼不知也[④],其孰是邪?"

黄帝曰："彼无为谓真是也，狂屈似之，我与汝终不近也。夫知者不言，言者不知，故圣人行不言之教。道不可致，德不可至。仁可为也，义可亏也，礼相伪也。故曰：'失道而后德，失德而后仁，失仁而后义，失义而后礼。礼者，道之华而乱之首。'故曰：'为道者日损，损之又损以至于无为，无为而无不为也。'今已与物也，欲复归根，不亦难乎！其易也，其唯大人乎！生也死之徒，死也生之始，孰知其纪⑤！人之生，气之聚也；聚则为生，散则为死。若死生为徒，吾又何患！故万物一也⑥，是其所美者为神奇，其所恶者为臭腐；臭腐复化为神奇，神奇复化为臭腐。故曰：'通天下一气耳。'圣人故贵一⑦。"

知谓黄帝曰："吾问无为谓，无为谓不应我，非不我应，不知应我也。吾问狂屈，狂屈中欲告我而不我告，非不我告，中欲告而忘之也。今予问乎若，若知之，奚故不近？"

黄帝曰："彼其真是也⑧，以其不知也；此其似之也⑨，以其忘之也；予与若终不近也，以其知之也。"

狂屈闻之，以黄帝为知言⑩。

（《庄子·知北游》）

【注释】

①知(zhì)：寓托的人名。此文中所提到的"无为谓""狂屈"均是假设人物。　玄水：寓言中的水名。此文中所提到的"白水"和"隐弅(fèn)""狐阕(què)"等，均为假设的水名和地名。

②知道：懂得道。

③中欲言：内心里刚想说。

④彼与彼：这是指无为谓和狂屈。

⑤纪：头绪，引申指规律。

⑥万物一也：指万物有共通性，一体性。

⑦贵一：以事物的同一为贵，即看重事物的同一性。

⑧彼：指代无为谓。

⑨此：指代狂屈。
⑩知言：最通晓大道的谈论。

【译文】

知到北方游历于玄水的边上，登上隐弅的山丘，恰巧遇到无为谓。知对无为谓说："我想问你点问题，怎样思索与考虑才能知晓道？怎样处身与行事才能安于道？由什么途径和方法才能获得道？"问了三次无为谓都没有回答，不是不回答，而是不知道怎么回答。

知没有得到答案，返回到白水的南面，登上狐阕的山丘，看到了狂屈。知用同样的问题问狂屈。狂屈说："唉！我知道，正要告诉你，心里想说但忘了想要说什么。"

知没有得到解答，返回到帝宫，见到黄帝而问同样的问题。黄帝说："没有思索和考虑才能知晓道，没有处所和行为才能安于道，没有途径与方法才能获得道。"

知问黄帝说："我与你知道，无为谓与狂屈不知道，究竟谁对呢？"

黄帝说："那无为谓是真正对的，狂屈差不多，我和你终究没有接近道。知道的人不说话，说话的人不知道，所以圣人才行不言的教化。道是不可以招致的，德是不能够达到的。仁是可以做出来的，义是可以亏毁的，礼是可以相互虚伪的。所以说：'失去了道才有了德，失去了德才有了仁，失掉了仁才有了义，失掉了义才有了礼。礼是道的虚华而为祸乱的起始。'所以说：'为道的人要不停减约，减约而又减约，以达到无为，无为就没有什么做不成了。'现在已经把道当成物了，想要复归于本根，不是很困难么！要是容易做到，只有得道的大人吧！生是死的继续，死是生的开端，谁知道它的规律！人的生命，是气的聚合；气聚合则有生命，气消散便是死亡。如果死生相连属，那我又有什么忧患！所以，万物一体，把所喜爱的称为神奇，把所厌恶的视为臭腐；臭腐又会转化为神奇，神奇又会转化为臭腐。所以说：'贯通天下的就是一个气罢了。'所以圣人重视同一性。"

知对黄帝说："我问无为谓，无为谓不回答我，不是不回答我，是不知道怎么回答我。我问狂屈，狂屈心里想告诉我而没有告诉我，不是不告诉我，而是心里想告诉我却忘了想说什么。现在我问你，你知道，为什么说没有接近道呢？"

黄帝说："无为谓是真正对的，因为他不知道；狂屈差不多，因为他忘记了；我和你终究没有接近道，因为我们知道了。"

狂屈听了这件事，认为黄帝的话是最了解道的谈论。

点评

"知者不言，言者不知"的"知"，既可以认为是知晓的知，也可以认为是智慧的智，都通。这八个字包含的意思很丰富，既可以理解为是对一般的日常生活中的一些现象的描述，也可以理解为是专就"道"的问题而言，还可以理解为是就政治而言的。就日常生活现象而言，总喜欢发表意见的人，并不见得对事情了解多少；而总发表议论，也是不聪明的表现。就"道"而言，"道"是不可说的，所以谈论"道"的人并没有真正得"道"。就政治而言，有智慧的统治者是不轻易发号施令的，而习惯于发号施令的统治者并不明智。

挫其锐，解其纷，和其光，同其尘，是谓“玄同”[1]。

（五十六章）

【注释】

①玄同：玄妙混同的境界，即道的境界。

【译文】

挫掉锋芒，消解纷扰，含敛光耀，混同尘世，这就是玄妙同一的境界。

扩展阅读

阳子居南之沛[1]，老聃西游于秦[2]，邀于郊。至于梁[3]，而遇老子。老子中道仰天而叹曰：“始以汝为可教，今不可也。”

阳子居不答。至舍，进盥漱巾栉[4]，脱屦户外[5]，膝行而前曰：“向者弟子欲请夫子，夫子行不闲，是以不敢。今闲矣，请问其过。”

老子曰：“而睢睢盱盱[6]，而谁与居？大白若辱[7]，盛德若不足。”

阳子居蹴然变容曰：“敬闻命矣！”

其往也，舍者迎将[8]，其家公执席[9]，妻执巾栉，舍者避席[10]，炀者避灶[11]。其反也，舍者与之争席矣。

（《庄子·寓言》）

【注释】

①阳子居：人名，即阳朱。

②秦：指今陕西一带。

③梁：地名，今河南开封一带。

④盥（guàn）漱巾栉（zhì）：泛指各种洗漱梳理用具。盥，洗手。栉，梳子。

⑤屦（jù）：麻鞋。

⑥睢(suī)睢盱(xū)盱:傲视于人的样子。睢,仰目。盱,张目。
⑦辱:通"黩",引申为"黑"。
⑧舍者:旅舍的人。　将:送。
⑨家公:指旅店的男主人。　执席:亲自安排坐席。
⑩舍者:此处指先坐的人。
⑪炀(yàng):炊。

【译文】

阳子居往南到沛地,老聃西游到秦地,相约在郊外见面。到了梁地,遇到了老子。老子在途中仰天叹息说:"起初我认为你可教,现在看来是不可教呀。"

阳子居不答话。到了旅舍,送上洗漱用具,把鞋子脱在门外,膝行向前说:"刚才弟子想请教先生,先生没有空,所以不敢请教。现在先生有空,请问我的过错。"

老子说:"你那么傲慢,谁和你相处?最洁白的好像是黑的,盛德的人好像是有所欠缺。"

阳子居愧然变色说:"敬听先生的教诲!"

当阳子居来的时候,旅舍的人都出来迎送,旅舍的主人安排坐席,女主人给他拿毛巾和梳子,先坐的人让出位子,做饭的人都不敢当灶。等他回去的时候,旅舍的人已经无拘无束的和他争座位了。

点评

"和光同尘",常被后来的士大夫们当作座右铭;而中国人也常劝人不要锋芒太露,原因就在于人们并不愿意和傲慢的人、锋芒毕露的人相处。锋芒太露、待人傲慢的人,也是容易遭受挫折的人。所以,老子劝人要挫掉锐气,不要显露锋芒;要善于妥协,不要起纷争;要韬光养晦，不要露才扬己；要混同尘世，不要独清独醒。这种处世哲学，并不为道家所独有，儒家也有，而且深入民间，非常流行。中国传统社会缺乏活力，与这种处世哲学的流行有很大的关系。现代社会是需要锐气与活力的社会，现代的年轻人更需要有特立独行的精神，所以这种处世哲学应当说是与现代社会不相适应的。但是，如果一个年轻人要想很好地融入社会，与周围的人打成一片并能有所发展，那么可能还需要从这种处世哲学中获得启迪。

二一 祸福相倚

祸兮，福之所倚[①]；福兮，祸之所伏[②]。孰知其极[③]？其无正也[④]。正复为奇[⑤]，善复为妖[⑥]。人之迷，其日固久。是以圣人方而不割[⑦]，廉而不刿[⑧]，直而不肆，光而不耀。

（五十八章）

【注释】

①倚：倚傍，依靠。

②伏：隐藏，潜伏。

③极：终极的结果。

④正：定准，标准。

⑤奇：诡异不正，邪。

⑥妖：恶。

⑦方：方正。 割：割伤人。

⑧廉：利。 刿（guì）：伤。

【译文】

祸啊，福因之而生；福啊，祸就潜伏其中。谁知道它们的究竟？它们并没有定准。正忽而转变为邪，善忽而转变为恶。人们的迷惑，已经有很长的时间了。因此，有道之人的言行方正而不伤害人，直率而不放肆，光明而不刺耀。

扩展阅读

子綦有八子[①]，陈诸前，召九方歅曰[②]："为我相吾子，孰为祥？"

九方歅曰："梱也为祥[③]。"

子綦瞿然喜曰[④]："奚若？"曰："梱也将与国君同食以终其身。"

子綦索然出涕曰[⑤]："吾子何为以至于是极也！"

九方歅曰："夫与国君同食，泽及三族[⑥]，而况父母乎！今夫子闻之而泣，是御福也[⑦]。子则祥也，父则不祥。"

子綦曰："歅，汝何足以识之，而梱祥邪？尽于酒肉入于鼻口矣，而何足以知其所自来？吾未尝为牧而牂生于奥[⑧]，未尝好田而鹑生于宎[⑨]，若勿怪，何邪？吾所与吾子游者，游于天地。吾与之邀乐于天，吾与之邀食于地。吾不与之为事，不与之为谋，不与之为怪。吾与之乘天地之诚而不以物与之相撄[⑩]，吾与之一委蛇而不与之为事所宜。今也然有世俗之赏焉！凡有怪征者，必有怪行，殆乎，非我与吾子之罪，几天与之也！吾以是泣也。"

无几何而使梱之于燕[⑪]，盗得之于道。全而鬻之则难[⑫]，不若刖之则易[⑬]，于是乎刖而鬻之于齐。适当渠公之街[⑭]，然后食肉而终。

（《庄子·徐无鬼》）

【注释】

①子綦（qí）：人名，一说为楚人司马子綦，一说为南郭子綦。

②九方歅（yīn）：人名。

③梱（kǔn）：八个儿子中的一位。

④瞿然：惊喜的样子。

⑤索然：伤心落泪的样子。

⑥三族：父族、母族、妻族。

⑦御福：拒绝降临的福禄。

⑧牂(zāng):母羊。　奥:屋子的西南角。

⑨田:打猎。　宎(yǎo):东南隅。

⑩撄(yīng):扰乱,纠缠。

⑪无几何:没过多久时间。

⑫鬻(yù):卖。

⑬刖(yuè):断足。

⑭当渠公之街:替渠公看门。

【译文】

子綦有八个儿子,排列在面前,邀九方歅说:"给我的儿子相相面,看谁有福?"

九方歅说:"梱有福。"

子綦惊喜地说:"怎么样呢?"

九方歅说:"梱将和国君同饮食以至终身。"

子綦黯然流泪说:"我的儿子为什么会落到这种绝境呀!"

九方歅说:"和国君同饮食,恩泽遍及三族,何况是父母呢!现在先生听到这种好事却哭泣,这是拒绝福分。儿子有福,父亲却没有福了。"

子綦说:"歅,你怎么能够明白这种事呢,梱真的有福吗?饮酒吃肉以至终身,你怎么能够知道它的来处呢?我没有畜牧而母羊生于屋子的西南角,没有打猎而鹌鹑生于屋子的东南角,你不觉得奇怪,为什么?我和我儿子遨游的,乃是遨游于天地。我和他们同乐于天,我和他们求食于地。我不和他们求功业,不和他们图谋虑,不和他们立怪异。我和他们顺任天地的实情而不使万物搅扰他们,我和他们顺任自然而不使他们滞心于世俗之事。现在却有了世俗的报偿!凡是有怪异的征兆,必定有怪异的事情发生,危险啊,这不是我和我儿子的罪过,而近乎是天给他的呀!我因此而哭泣。"

过了不久，梱被派往燕国，在途中被强盗所劫。强盗觉得把他全形卖掉很困难，不如砍断脚容易卖，于是就砍断他的双脚卖到齐国。梱正好替渠公看门，此后食肉直到去世。

点 评

人们都追求幸福，然而幸福里面潜藏着灾祸；人们都厌恶灾祸，然而灾祸里面也许隐藏着所谓的幸福。人们所熟知的“塞翁失马”的故事讲的就是这个道理；庄子所讲的梱的经历也是这个道理，只是更强调所谓福其实是祸。祸福变化无端，所谓奇正善恶也是如此。但是人们并不明白这个道理，或者即使明白这个道理也不遵行。真正有大智慧的人则不然，他们能够辩证地看待和处置这些事情。辩证法的妙处，不仅是让人能够正确地认识事物的发展变化，而且是让人能够保持平常心，祸来不忧，福至不喜。中国人凡事不走极端，而喜欢中庸，原因就在于此。

二二 深根固柢

治人事天①,莫若啬②。

（五十九章）

【注释】

①事天:保养天赋。“天”一作“自然”解,一作“身”解。今译从后者。

②啬(sè):爱惜,保养(精神)。

【译文】

治理民众、修身养性,没有比爱惜精力更重要的了。

扩展阅读

孔子西藏书于周室。子路谋曰①:“由闻周之徵藏史有老聃者②,免而归居,夫子欲藏书,则试往因焉。”

孔子曰:“善。”

往见老聃,而老聃不许,于是缙十二经以说③。

老聃中其说,曰:“大谩④,愿闻其要。”

孔子曰:“要在仁义。”

老聃曰:“请问,仁义,人之性邪?”

孔子曰:“然。君子不仁则不成,不义则不生。仁义,真人之性也,又将奚为矣?”

老聃曰:“请问,何谓仁义?”

孔子曰："中心物恺[5]，兼爱无私，此仁义之情也。"

老聃曰："意，几乎后言！夫兼爱，不亦迂乎！无私焉，乃私也。夫子若欲使天下无失其牧乎？则天地固有常矣，日月固有明矣，星辰固有列矣，禽兽固有群矣，树木固有立矣。夫子亦放德而行[6]，循道而趋，已至矣。又何偈偈乎揭仁义[7]，若击鼓而求亡子焉？意，夫子乱人之性也。"

（《庄子·天道》）

【注释】

①子路：孔子的学生，姓仲，名由。下句"由"是子路的自称。
②徵藏：收藏典籍文献的地方。徵，典。　史：官名。
③繙（fān）：反复。
④大谩：太冗长。
⑤物恺（kǎi）：和乐，允合人情。恺，乐。
⑥放德：依自然之德。
⑦偈（jié）偈乎：奋力的样子。

【译文】

孔子想到西边把自己所修的书储藏在周王朝的宫室里。子路提议说："我听说周朝掌管典籍的史官老聃引退在家，先生想要藏书，可以请他帮忙。"

孔子说："好。"

孔子去见老聃说藏书的事，老聃不同意，于是孔子引述六经六纬反复劝说。

老聃打断他的话，说："太冗长了，希望听听要点。"

孔子说："要点在仁义。"

老聃说："请问，仁义是人的本性吗？"

孔子说："是的。君子不仁便不能有所成就，不义就不能生存。仁义确实是人的本性，这又有什么好怀疑的呢？”

老聃说：“请问，什么是仁义？”

孔子说：“正心和乐，兼爱无私，这就是仁义的真谛。”

老聃说：“噫，你后面所说的这些话很危险啊！兼爱，不是很迂曲吗！无私，才是偏私。先生想让天下不要失去牧养吗？那么，天地本来就有常理，日月本来就有光明，星辰本来就有位次，禽兽本来就会成群，树木本来就能生长。先生依德而行，顺道去做，就已经足够了。又何必费心竭力标举仁义，就像敲着鼓去找逃走的人呢？噫，先生是要扰乱人的本性呀。”

点 评

儒、道两家的学术，目的是一致的，都是希望能通过某种途径而使得天下清晏、人民安居乐业；甚至也都是主张通过统治者的自我修为来解决现实问题。然而，两家所提出的修身、治国的方略又是如此不同：道家认为儒家之学是乱人之性，无愧而不知耻，儒家则认为道家蔽于天而不知人。但是两家针对对方所提出的问题也值得注意。特别是在有人大力主张复兴儒学的情况下，道家对儒家所提出的批评更值得我们三思。

为无为，事无事，味无味。大小多少[①]。图难于其易，为大于其细；天下难事，必作于易；天下大事，必作于细。是以圣人终不为大[②]，故能成其大。夫轻诺必寡信[③]，多易必多难。是以圣人犹难之[④]，故终无难矣。

（六十三章）

【注释】

①大小多少：大生于小，多起于少。
②终不为大：始终不自以为大。
③寡：少。
④犹：均，都。

【译文】

以无为的态度去作为，以无事的方式去做事，以恬淡无味为味。大生于小，多起于少。处理困难的事要从容易的入手，成就大事要从细微开始；天下的难事，必定从容易的开始；天下的大事，必定起于细微。所以，圣人始终不自高自大，因此就能成就大事。轻易允诺必定会很少守信用，把事情看得太容易必定会遇到困难。所以，有道的人把什么事情都看得很困难，因此始终不会有困难。

扩展阅读

颜渊问仲尼曰："吾尝济乎觞深之渊[①]，津人之操舟若神[②]。吾问焉，曰：'操舟可学邪？'曰：'可。善游者数能[③]。若乃夫没人[④]，则未尝见舟而便操之也。'吾问焉而不吾告，敢问何谓也？"

仲尼曰："善游者数能，忘水也。若乃夫没人之未尝见舟而便操之也，彼视渊若陵，视舟之覆犹却其车也。覆却万方陈乎前而不得入其舍[5]，恶往而不暇！以瓦注者巧[6]，以钩注者惮，以黄金注者殙[7]。其巧一也，而有所矜[8]，则重外也。凡外重者内拙。"

（《庄子·达生》）

【注释】

①济：渡。 觞(shāng)深：宋国境内一条深渊，其状似杯，因以得名。

②津人：摆渡的人。

③数：通"速"。

④没(mò)人：善于潜水的人。没，深入水中。

⑤舍：喻指心中。

⑥注：射，射而赌物。

⑦殙(hūn)：同"惛"，内心迷乱。

⑧矜(jīn)：顾惜。

【译文】

颜渊问孔子说："我曾经渡于觞深，摆渡的人撑船如神。我问他：'撑船可以学习吗？'他说：'可以。会游泳的人很快就能学会。至于会潜水的人，即使未曾见过船也能撑船。'我问他为什么，他不告诉我，请问，他说的是什么意思？"

孔子说："会游泳的人很快就能学会，是忘记了水的存在。至于会潜水的人没见过船便能撑船，是因为他视深渊如同山丘，视翻船如同车的后退。船翻车退的万种景象呈现在他的面前也不会扰乱他的内心，怎么会不从容！用瓦器作赌注的时候，射箭者很灵巧而能射中垛靶；用带钩作赌注的时候，射箭者心生怖惧就难以射中；用黄金作赌注的时候，射箭者心里昏乱就射不中了。他的技巧其实还是一样的，而有所顾惜，就是重视外物了。凡是注重外在之物的人，内心笨拙。”

点 评

“为无为”等，核心就是顺应自然。只有顺应自然，而不用私意，不为外物所惑，才能有所成就。摆渡的人之所以能撑船如神，就是因为不受外物的左右，而能顺其自然。同时，还不能认为只要顺应自然，所有问题都能迎刃而解。因此，老子教人要“图难于其易，为大于其细”。人确实必须有谨慎的态度，见微知著的智慧，细心周密的思考，从小事做起的方略，慎终如始的精神，才能够有所成就。

二三　愚民配天

古之善为道者，非以明民[①]，将以愚之[②]。

（六十五章）

【注释】

①明民：让百姓聪明巧智。

②愚之：使百姓质朴淳厚。

【译文】

古代善于行道的人，不是让民众变得聪明，而是使民众淳朴。

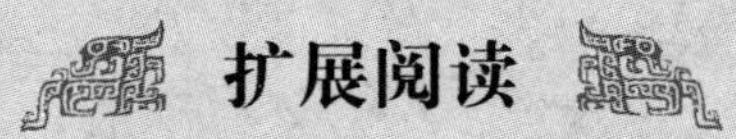

扩展阅读

南海之帝为儵[①]，北海之帝为忽，中央之帝为浑沌。儵与忽时相与遇于浑沌之地，浑沌待之甚善。儵与忽谋报浑沌之德曰："人皆有七窍以视听食息[②]，此独无有，尝试凿之。"日凿一窍，七日而浑沌死。

（《庄子·应帝王》）

【注释】

①儵（shū）：与后边的"忽""浑沌"都是含有寓意的名字。

②七窍：人头部的七个孔穴，即两眼、两耳、两鼻孔和嘴。

【译文】

南海的帝王名叫儵，北海的帝王名叫忽，中央的帝王名叫浑沌。儵与忽经常在浑沌的领地里会面，浑沌待他们非常好。儵与忽商量着要报答浑沌的美德，说："人们都有七窍，用来看、听、吃喝与呼吸，唯独他没有，我们试试替他凿开。"儵与忽一天凿一窍，第七天浑沌就死了。

点 评

老子和庄子确实有很严重的愚民思想。孔子也是这样，有所谓"民可使由之，不可使知之"的说法。有人激于道德的义愤或不同的政治主张而指责他们的这种愚民思想为保守、落后，其实是对老子等人的思想缺乏理解。老、庄和孔子讲要愚民，都并非是想让民众变得愚昧可欺。特别是老子和庄子，他们对统治者不顾人民死活、肆意玩弄和践踏民众的行径都提出了强烈的抗议。他们主张愚民，不可否认有从统治者的角度考虑的一面，但更重要的是他们认为民众的智慧开启之后，必然诈伪萌生，即"智慧出，有大伪"。可以说愚民思想乃是其反智主义思想的必然，也是其中非常重要的一环。

民之难治，以其智多①。故以智治国，国之贼②；不以智治国，国之福。

（六十五章）

【注释】

①智多：多智巧伪诈。

②贼：害。

【译文】

民众难以治理，是因为他们有太多的智巧心机。所以，用智巧心机治理国家，是国家的灾难；不用智巧心机治理国家，是国家的幸福。

扩展阅读

上诚好知而无道，则天下大乱矣。何以知其然邪？夫弓、弩、毕、弋、机变之知多①，则鸟乱于上矣；钩饵罔罟罾笱之知多②，则鱼乱于水矣；削格、罗落、罝罘之知多③，则兽乱于泽矣；知诈渐毒颉滑坚白解垢同异之变多④，则俗惑于辩矣。故天下每每大乱，罪在于好知。故天下皆知求其所未知而莫知求其所已知者，皆知非其所不善而莫知非其所已善者，是故大乱。故上悖日月之明，下烁山川之精，中堕四时之施，惴耎之虫，肖翘之物，莫不失其性。甚矣夫好知之乱天下也！自三代以下者是已，舍夫种种之民而悦夫役役之佞⑤，释夫恬淡无为而悦夫啍啍之意⑥，啍啍已乱天下矣！

（《庄子·胠箧》）

【注释】

①弓、弩、毕、弋、机变：都是捕鸟的工具。弩，有机关的弓。毕，捕鸟的网。弋，箭。机变，当为“机辟”，捕捉鸟兽的工具。

②罾笱（zēnggǒu）：渔具。罾，鱼网。笱，捕鱼用的竹篓。

③削格、罗落、罝罘（jūfú）：捕兽的工具。削格，木栅。罗落，罗网。罝罘，捕兔器。

④渐毒：欺诈。　颉（xié）滑：狡黠。颉，借为黠。　解垢：诡曲之辞。

⑤种种：淳厚。　役役：形容奔走钻营的样子。

⑥啍（tūn）啍：多言。

【译文】

君王喜欢运用智巧而不能合于道，那么天下就会大乱。怎么知道是这样的呢？弓箭、鸟网、机关之类的智巧多，天上的鸟儿就不得安宁；钩饵、鱼网、竹篓之类的智巧多，水中的鱼儿就不得安宁；木栅、罗网、兔网之类的智巧多，草泽中的野兽就不得安宁；欺诈、诡伪、狡黠、曲辞、坚白之辩、同异之谈等等的言辩多，世俗之人就会被迷惑。所以，天下往往大乱，罪魁祸首就在于喜好智巧。天下之人都知道追求他们所不知道的，而不知道探求他们已经知道的；都知道非难他们所认为不好的，而不非难他们所认为好的，因此天下才会大乱。爱好智巧，上而掩蔽了日月的光明，下而毁掉了山川的精华，中而破坏了四时的运行，无足的爬虫，微小的东西，万物没有不失掉本性的。喜好智巧而祸乱天下真是太严重了！自三代以下都是这样，舍弃淳朴的百姓而爱奔走钻营的佞人，废却恬淡无为的自安而爱喋喋不休的教化，多言的教化就已经扰乱了天下啊！

点评

民智开启之时，就是民众开始认识到自身利益之日。民众一旦认识到自身的利益，就要维护和争取自身的利益，而统治阶层的日子就不太好过了。要是从维护统治阶层的利益出发，可以说“民之难治，以其智多”。因此，在一定程度上，老子和庄子，特别是老子，在谴责肆意剥削民众的统治者是强盗头子的时候，也还真是设身处地为他们着想。不过，老子和庄子要民愚，也要统治阶层愚，实是上下交相愚。与希望民众愚相比，其实老、庄更强调统治阶层的愚，希望统治阶层不要用心智和权谋统御天下，愚弄百姓。

善为士者[1]，不武[2]；善战者，不怒；善胜敌者，不与[3]；善用人者，为之下。是谓不争之德，是谓用人之力，是谓配天[4]，古之极[5]。

（六十八章）

【注释】

①士：卿士。这里指执权者、统帅。
②不武：不炫耀武力。
③不与：不相斗，不交战。
④配天：符合自然的道理。
⑤极：极准，最高的法则。

【译文】

善于做将帅的人不炫耀武力，善于作战的人不怨怒，善于战胜敌人的人不与敌争，善于任用人的人谦下。这叫作不与人争的道德，这叫作善于用人的能力，这叫作符合天道，是古时最高明的境界。

扩展阅读

管仲有病，桓公问之曰："仲父之病病矣[1]，可不讳云，至于大病，则寡人恶乎属国而可[2]？"

管仲曰："公谁欲与？"

公曰："鲍叔牙[3]。"

曰："不可。其为人，洁廉善士也，其于不己若者不比之[4]，又一闻人之过，终身不忘。使之治国，上且钩乎君[5]，下且逆乎民。其得罪于君也，将弗久矣。"

公曰："然则孰可？"

对曰："勿已，则隰朋可[⑥]。其为人也，上忘而下不畔[⑦]，愧不若黄帝而哀不己若者。以德分人谓之圣，以财分人谓之贤。以贤临人，未有得人者也；以贤下人，未有不得人者也。其于国有不闻也，其于家有不见也。勿已，则隰朋可。"

（《庄子·徐无鬼》）

【注释】

①病矣：形容病重。

②属国：托付国事。属，嘱托。

③鲍叔牙：管仲好友，齐国贤大夫。

④不比之：不与之为友。比，同"亲"。

⑤钩：管束。

⑥隰（xí）朋：齐国著名政治家。

⑦上忘而下不畔：在上的人相忘，在下的人不叛离。

【译文】

管仲生病，齐桓公问他说："仲父的病很重了，能不忌讳说么，要是病危，我把国家政事托付给谁才行呢？"

管仲问："您想托付给谁？"

桓公说："鲍叔牙。"

管仲说："不行。他为人，是个贞廉清洁的好人，他对不如自己的人就不亲近，而且一听到别人的过错便终身不忘。让他治理国家，他对上要约束君主，对下会逆忤百姓。他得罪国君，就干不长了。"

桓公说："那么谁可以呢？"

管仲说："要不然，隰朋还可以。他为人，在上的人相忘而在下的人不叛离，自愧不如黄帝而同情不如自己的人。以德施人称为圣，以财施人称为贤。以贤而傲视别人，没有得人心的；以贤而谦卑处下，没有不得人心的。他治国则不问小瑕，治家则不见人的过错。要不然，隰朋还可以。”

点评

“处下”与“不争”是老子思想的重要方面，老子讲“不武”“不怒”“不与”“为之下”都是要突出“不争”和“处下”。在讲用人的方面，庄子继承了老子的“处下”思想，而他所说的“以贤临人，未有得人者也；以贤下人，未有不得人者也”，可谓千古不易之理。当然，事情也不能绝对化，以贤临人，有时也能得人，只不过所得之人为奴才而不是贤才。所以，从得贤才而让天下归心的角度，先秦诸子都讲统治者应以贤下人。他们自身的行为，大多也以此为准则。如果诸侯们对他们不是视如师友，他们也绝不肯为诸侯们献计献策。这是士人们的骨气所在。

二四　知我者希

吾言甚易知，甚易行。天下莫能知，莫能行。言有宗①，事有君②。夫唯无知，是以不我知。知我者希，则我者贵③。是以圣人被褐而怀玉④。

（七十章）

【注释】

①宗：主旨。

②君：根据。

③则：效法。　贵：难能可贵。

④褐（hè）：粗布衣。　玉：指道家的思想主张。

【译文】

我的话很容易明白，很容易实行。天下却没有人明白，没有人实行。言论有主旨，行事有根据。正因为天下人不了解这些道理，所以不了解我。了解我的人很少，取法我的人也很难得。因此，有道之人穿着粗布衣服而怀藏美玉。

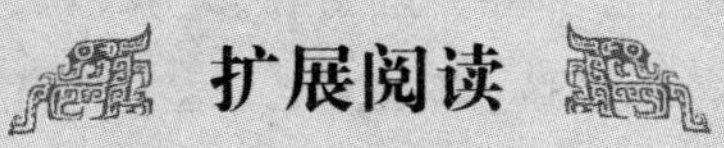

扩展阅读

庄子衣大布而补之①，正緳系履而过魏王②。魏王曰："何先生之惫邪？"

庄子曰："贫也，非惫也。士有道德不能行，惫也；衣弊履穿，贫也，非惫也，此所谓非遭时也。王独不见夫腾猿乎？其得楠梓豫章也，揽蔓其枝而王长其间[3]，虽羿、蓬蒙不能眄睨也[4]。及其得柘棘枳枸之间也[5]，危行侧视[6]，振动悼栗，此筋骨非有加急而不柔也[7]，处势不便，未足以逞其能也。今处昏上乱相之间，而欲无惫，奚可得邪？此比干之见剖心征也夫！"

（《庄子·山木》）

【注释】

①大布：粗布。

②正緳（xié）系履：用麻绳绑着破鞋子。

③揽蔓：把捉而缠绕，即攀援之意。　王长：形容意气轩昂。

④眄睨（miǎnnì）：斜视。

⑤柘（zhè）棘枳（zhǐ）枸（jǔ）：四种带刺的小灌木。

⑥危行：行动谨慎。

⑦加急：限制，收紧。

【译文】

庄子穿着打着补丁的粗布衣服和用麻绳绑着的破鞋子，去见魏王。魏王说："先生为什么这样疲困呀？"

庄子说："是贫穷，不是疲困。士人有道德却不能行之于天下，是疲困；衣衫褴褛鞋子破烂，是贫穷，而不是疲困，这就是所谓不逢时呀。你没有看见过跳跃的猿猴吗？当它在楠、梓、豫、樟等大树上的时候，攀援着树枝，意气轩昂，就是后羿、蓬蒙这样善射的人也奈何它不得。当它在柘、棘、枳、枸之类的多刺的树丛中的时候，行动谨慎，颤栗不已，这并不是筋骨受了束缚而变得不灵活了，乃是处在不利的情势下，不能够施展它的才能所致。现在处于昏君乱相的时代，想不疲困，怎么可能呢？像比干遭剖心，就是个明显的例证啊！"

点 评

老学和庄学在春秋战国时期不是显学，儒学和墨学才是显学。不是显学，关注的人就不多，乃至于他们的一生行迹，后世所知甚少。究其原因，在于他们的学说实是逆时代潮流而动。春秋战国，是多事之秋，诸侯们所想的不是清静无为，而是能有所作为，至少能保住自己的地位与疆土；普通民众与士人们所想的，也是能得名获利。老、庄的学说与这种潮流不合拍。因此，在一定程度上说，老子和庄子都算得上是理想主义者。理想主义者的宿命，大多不为时代所接受。然而，也正是他们思想中所蕴含的理想主义光辉，和他们对时代和社会政治与人生的深刻洞见，才使得他们的思想能够传之久远，百世流芳。

二五　知病无病

知不知，尚矣[①]；不知知，病也[②]。圣人不病，以其病病[③]。夫唯病病，是以不病。

（七十一章）

【注释】

①尚：上，最好。

②病：缺点。

③病病：把病当作病。

【译文】

知道却不自以为知道，最好；不知道却自以为知道，这是缺点。圣人没有缺点，因为他把缺点当作缺点。正因为他把缺点当作缺点，所以没有缺点。

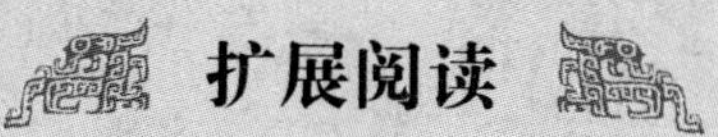

扩展阅读

啮缺问乎王倪曰[①]："子知物之所同是乎[②]？"

曰："吾恶乎知之！"

"子知子之所不知邪？"

曰："吾恶乎知之！"

"然则物无知邪？"

曰："吾恶乎知之！虽然尝试言之。庸讵知吾所谓知之非不知邪[③]？

庸讵知吾所谓不知之非知邪？且吾尝试问乎汝：民湿寝则腰疾偏死[4]，鳅然乎哉？木处则惴栗恂惧[5]，猿猴然乎哉？三者孰知正处？民食刍豢[6]，麋鹿食荐[7]，蝍蛆甘带[8]，鸱鸦嗜鼠[9]，四者孰知正味？猿猵狙以为雌[10]，麋与鹿交，鳅与鱼游。毛嫱、丽姬，人之所美也，鱼见之深入，鸟见之高飞，麋鹿见之决骤[11]。四者孰知天下之正色哉？自我观之，仁义之端，是非之涂，樊然殽乱[12]，吾恶能知其辩！”

啮缺曰：“子不知利害，则至人固不知利害乎？”

王倪曰：“至人神矣！大泽焚而不能热，河汉沍而不能寒[13]，疾雷破山，风振海，而不能惊。若然者，乘云气，骑日月，而游乎四海之外。死生无变于己，而况利害之端乎！”

（《庄子·齐物论》）

【注释】

①啮（niè）缺、王倪：传说中的古代贤人，实为庄子寓言故事中虚拟的人物。

②同是：共同认可的，共同的标准。

③庸讵（jù）：怎么，哪里。

④偏死：偏瘫，即半身不遂。

⑤惴栗恂（xún）惧：四字都是恐惧、惧怕的意思。

⑥刍豢（huàn）：用草喂养，这里指代家畜。刍，草。豢，养。

⑦荐：草。

⑧蝍蛆（jíjū）：蜈蚣。　甘带：以小蛇为美食。带，小蛇。

⑨鸱（chī）：猫头鹰。

⑩猵狙（biānjū）：一种类似猿猴的动物。

⑪决骤：迅速奔跑。

⑫樊然：杂乱的样子。　殽（yáo）：这里作“淆”讲，混杂的意思。

⑬沍（hù）：河水冻结。

【译文】

啮缺问王倪说："你知道万物所共同认可的标准吗？"

王倪说："我哪里知道！"

"你知道你所不知道的东西吗？"

"我怎么知道！"

"那么万物就无从知道了吗？"

"我怎么知道！虽然这样，姑且说说看。怎么知道我所说的'知'不是'不知'呢？怎么知道我所说的'不知'不是'知'呢？让我来问问你：人睡在潮湿的地方就会腰疼乃至半身不遂，泥鳅是这样吗？人在树上就会恐惧颤栗，猿猴是这样吗？这三种动物谁知道标准的处所呢？人吃肉类，麋鹿吃草，蜈蚣爱吃小蛇，猫头鹰和乌鸦喜吃老鼠，这四种动物到底谁的口味才合标准呢？猵狙和雌猿作配偶，麋和鹿交合，泥鳅和鱼相交。毛嫱、丽姬，人认为是美女，鱼儿见了就会游入水底，鸟儿见了就会飞向高空，麋鹿见了就会快速跑开，这四种动物究竟哪一种美色才算最高标准呢？在我看来，仁义的端绪，是非的途径，纷然错乱，我哪里知道它们的分别呢？"

啮缺说："你不知道利与害，那么至人也不知道利与害吗？"

王倪说："至人神奇极了！大泽焚烧也不能使他感到热，江河冰冻也不能让他觉得寒冷，雷霆震破山岳、狂风掀起海浪也不能让他感到惊恐。这样的人，驾乘着云气，骑着日月，而遨游于四海之外。死生变化都对他没有影响，更何况利害的观念呢！"

点评

知道自己有所不知的人和知道却不自以为知道的人，都是有智慧的人；而强不知以为知和认为自己无所不知的人，都是愚蠢的人。所以，真正有智慧的人，对人事物理有深刻洞见的人，都认为自己是无知之人。因为他们清楚，人不是神，不可能无所不知、无所不晓，而所谓知与不知也都是相对而言的。庄子对知与不知的问题，提出的正是相对主义的解释。这种相对主义的解释，明确了人认识的相对性与局限性；但是推演到极端，就会陷入否定人认识的合理性与正当性的泥淖，进而要取消人的认识。

天之道，不争而善胜，不言而善应，不召而自来，繟然而善谋[①]。天网恢恢[②]，疏而不失[③]。

（七十三章）

【注释】

①繟(chǎn)：舒缓。

②天网：自然的范围。　恢恢：宽大，广大。

③失：漏失。

【译文】

天之道，不争夺而善于得胜，不说话而善于回应，不召唤而自动到来，宽缓而善于筹谋。自然的范围广大无边，稀疏而不会有一点漏失。

扩展阅读

宋元君夜半而梦人被发窥阿门曰[①]："予自宰路之渊[②]，予为清江使河伯之所，渔者余且得予。"

元君觉，使人占之，曰："此神龟也。"

君曰："渔者有余且乎？"

左右曰："有。"

君曰："令余且会朝。"

明日，余且朝。君曰："渔何得？"

对曰："且之网得白龟焉，其圆五尺。"

君曰："献若之龟。"

龟至，君再欲杀之，再欲活之，心疑，卜之，曰："杀龟以卜，吉。"乃刳龟以卜[③]，七十二钻而无遗算筴[④]。

仲尼曰："神龟能见梦于元君，而不能避余且之网；知能七十二钻而无遗筴，不能避刳肠之患。如是，则知有所困，神有所不及也。虽有至知，万人谋之。鱼不畏网而畏鹈鹕。去小知而大知明，去善而自善矣。婴儿生无石师而能言[5]，与能言者处也。”

（《庄子·外物》）

【注释】

①宋元君：宋国国君，即宋元公。　阿门：旁门，侧门。

②宰路：江边一深水潭名。

③刳(kū)：剖开后挖空。

④筴(cè)：古时卜筮时用的筮草的茎，此处通“策”。

⑤石师：又作硕师，大师的意思。

【译文】

宋元君半夜里梦见有人披头散发在侧门窥视，说：“我来自宰路之渊，我作为清江的使者要到河伯那里去，渔夫余且捉到了我。”

元君醒来，使人占卜，回话说：“这是神龟。”

元君说：“有个叫余且的渔夫吗？”

左右说：“有。”

元君说：“令余且来朝见。”

第二天，余且来朝见。元君问他：“你捕到了什么？”

余且说：“我网到一只白龟，周圆有五尺。”

元君说：“把你的龟献来。”

龟送到之后，元君一再想杀掉它，又一再想养活它，心中犹豫不决，叫人占卜，说：“杀龟来占卜，吉。”于是将龟杀了用来占卜，占了七十二卦而没有不应验的。

孔子说：“神龟能托梦给元君，却不能躲避余且的鱼网；智慧能占七十二卦而没有不应验的，却不能躲开刳肠之灾。这样看来，智慧也有困穷的时候，神灵也有不及的地方。纵使有最高的智慧，也怕众人来谋算他。鱼儿不怕网而怕鹈鹕。人能弃除小的智慧则大的智慧才能明了，舍弃自以为善的做法，善才能自显。婴儿生来没有大师的教导就能说话，这是因为和会说话的人在一起。”

点评

天道无为而无不为，就像一个笼罩一切的大网似的，虽然看起来有很多网眼，很是疏漏，但没有什么东西能逃得脱。人的智谋也好，神的智慧也罢，都无法出其左右。因此，人最好的选择就是顺应天道，清静无为。不然的话，就是能够暂时避开眼前的灾祸，最终也是无处可逃。宗教有天堂地狱、善恶报应之说，民间有“种瓜得瓜、种豆得豆”之言，其理与“天网恢恢，疏而不失”是相通的。

民不畏死，奈何以死惧之？若使民常畏死，而为奇者[1]，吾得执而杀之[2]，孰敢？常有司杀者杀[3]。夫代司杀者杀，是代大匠斫[4]。夫代大匠斫者，希有不伤其手矣。

（七十四章）

【注释】

①奇：邪恶。

②执：拘押。

③司杀者：专管杀人的。指天道。

④斫（zhuó）：砍，削。

【译文】

人民不畏惧死亡，为什么要用死亡来恐吓他们？如果人民真的怕死的话，一旦有为非作歹的人，我们就可以抓来杀掉，谁还敢做坏事？永远有专管杀生的去执行杀的任务。代替司杀者去杀害生命，就如同代替木匠去砍木头。代替木匠去砍木头的人，很少有不砍伤自己的手的。

扩展阅读

尧让天下于许由[1]，曰："日月出矣，而爝火不息[2]，其于光也，不亦难乎！时雨降矣，而犹浸灌[3]，其于泽也，不亦劳乎！夫子立而天下治，而我犹尸之，吾自视缺然。请致天下。"

许由曰："子治天下，天下既已治也。而我犹代子，吾将为名乎？名者实之宾也。吾将为宾乎？鹪鹩巢于深林[4]，不过一枝；偃鼠饮河，不过满腹。归休乎君，予无所用天下为！庖人虽不治庖，尸祝不越樽俎而代之矣[5]。"

（《庄子·逍遥游》）

【注释】

①许由：古代传说中的高士，字仲武，隐于箕山。相传尧要让天下给他，他自命高洁而不受。

②爝(jué)火：小火。

③浸灌：灌溉。

④鹪鹩(jiāoliáo)：一种善于筑巢的小鸟。

⑤尸祝：主祭的人。　樽俎(zūnzǔ)：指厨事。樽，酒器。俎，肉器。

【译文】

尧把天下让给许由，说："日月都已经出来了，而小火苗还不熄灭，他要和太阳、月亮的光来比，不是很困难么！及时雨都已降下了，还要去灌溉，对于泽润禾苗，不是徒劳么！先生站在那里，天下就能太平，而我还占着这个天子位子，我自己都觉得惭愧。请允许我把天下让给你。"

许由说："你治理天下，天下都已经清晏了。而我还要代替你，我是要为名吗？名是实的宾位，我是要求宾位吗？小鸟在深林中筑巢，所需要的不过是一根树枝；偃鼠到河边饮水，所需不过满腹。你请回吧，天下对我没有任何用处！厨师虽然不下厨，主祭的人也不会越位去代他做事。"

点　评

老子所讲的不要"代司杀者杀"，表层的意思是告诫人们凡事不要越位，深一层的意思就是警告统治者不要代天行事、逆天而动，不要用苛刑暴政残害人民，不要动辄用刑杀来威胁人民，否则不会有好下场。庄子说的不越俎代庖，表层的意思也是说不能越位，而深层的意思则是让人安于生命的真情实况，不要为名所累。老子所说是为社会的，而庄子所言则是为个体的。庄子常讲人生的境界，而以治家、治国等为余事；老子则不讲人生的境界，而念念不忘治国、治天下。两人的思想虽有通同之处，而庄子的学说也是本于老子，但还是泾渭分明、各有所重。

二六　天道无亲

和大怨[1]，必有余怨，报怨以德[2]，安可以为善？是以圣人司左契[3]，而不责于人[4]。有德司契[5]，无德司彻[6]。天道无亲[7]，常与善人[8]。

（七十九章）

【注释】

①和：调和。
②这句原是六十三章的文字，当移于此处。
③左契：债权人所执的券契（合同）。
④责：求，讨债。
⑤司契：主管券契。
⑥司彻：主管税收。
⑦无亲：没有私亲。
⑧与：帮助。

【译文】

调和深重的怨恨，必然还有余留的怨恨，用德来报答怨恨，怎么能以调和怨恨为善？所以，圣人保留借据的存根，但并不向人索取偿还。有德的人就像持有借据的人那样宽裕，无德的人就像掌管税收的人那样苛察。天道没有偏私，永远帮助善人。

扩展阅读

孔子西游于卫。颜渊问师金曰[①]:“以夫子之行为奚如?”

师金曰:“惜乎,而夫子其穷哉!”

颜渊曰:“何也?”

师金曰:“夫刍狗之未陈也,盛以箧衍[②],巾以文绣[③],尸祝齐戒以将之[④]。及其已陈也,行者践其首脊,苏者取而爨之而已[⑤]。将复取而盛以箧衍,巾以文绣,游居寝卧其下,彼不得梦,必且数眯焉[⑥]。今而夫子,亦取先王已陈刍狗,聚弟子游居寝卧其下。故伐树于宋,削迹于卫,穷于商周,是非其梦邪?围于陈蔡之间,七日不火食,死生相与邻,是非其眯邪?夫水行莫如用舟,而陆行莫如用车。以舟之可行于水而求推之于陆,则没世不行寻常。周鲁非舟车与?今蕲行周于鲁[⑦],是犹推舟于陆也,劳而无功,身必有殃。彼未知夫无方之传,应物而不穷者也。且子独不见夫桔槔者乎?引之则俯,舍之则仰。彼,人之所引,非引人也,故俯仰而不得罪于人。故夫三皇五帝之礼仪法度,不矜于同而矜于治[⑧]。故譬三皇五帝之礼仪法度,其犹柤梨橘柚邪!其味相反而且可于口。故礼仪法度者,应时而变者也。今取猿狙而衣以周公之服,彼必龁啮挽裂[⑨],尽去之而后慊[⑩]。观古今之异,犹猿狙之异乎周公也。故西施病心而矉其里,其里之丑人见之而美之,归亦捧心而矉其里[⑪]。其里之富人见之,坚闭门而不出,贫人见之,挈妻子而去走。彼知矉美,而不知矉之所以美。惜乎,而夫子之穷哉!”

(《庄子·天运》)

【注释】

①师金:鲁国的太师,名金;“师”是官名,即太师,古人习惯把职司之名冠于名字之首。

②箧(qiè):箱子,一般用竹制作。衍:笥(sì),盛物的

竹筐。

③巾：用如动词，覆盖。

④齐(zhāi)：通“斋”，斋戒。

⑤苏者：樵夫。

⑥眯：梦魇(yǎn)。

⑦蕲(qí)：求。

⑧矜：顾惜，看重。

⑨龁啮(hé'niè)挽裂：咬破撕裂。

⑩慊(qiè)：惬意。

⑪矉(pín)：同“颦”，皱眉头。

【译文】

孔子西游于卫国。颜渊问师金说：“你认为我老师的做法怎么样？”

师金说：“可惜呀，你老师的做法行不通啊！”

颜渊说：“为什么呢？”

师金说：“刍狗还没有献祭的时候，装在竹盒子里，用绣花的布盖着，主祭的人斋戒来迎接它。等到祭祀完毕，走路的人踩它的头和脊背，樵夫把它捡去当柴烧。如果有人再把它拿来用竹盒盛着，用绣花的布盖着，游走居处的时候都睡在它的旁边，即使不会因此而做恶梦，也会经常觉得有困扰。现在你的老师，也就是拿了先王已经用过的刍狗，聚集弟子，游走居处的时候都睡在它的旁边。所以，在宋国会遭到伐树的屈辱，在卫国被禁止居留，不得于商周之地，这不是他的恶梦吗？被围困在陈蔡之间，七天没有吃到煮熟的食物，而与死亡相伴，这不是他的困扰吗？在水上行驶的时候莫过于用船，在陆地上行驶的时候莫过于用车，因为船能在水里行驶而想把它推到陆地上来用，终身都走不了几步路。周与鲁不就如同船与车吗？现在希望在鲁国实行周朝的礼仪制度，这就像把船推到陆地上来行驶一样，徒劳而无功，自身必然会有灾殃。他不知道顺应自然，应接外物而不会穷困的道理。你没有见到汲水用的桔槔吗？人牵引它的时候便俯下去，放下它的时候便仰上来。桔槔，是人所牵引的，而不是牵引人的，所以俯仰都不会得罪于人。因此，三皇五帝的礼仪法度，不看重相同，而看重能够使天下太平。因而三皇五帝的礼仪法度，就好像是山楂、梨、橘、柚啊！味道全然不同但都可口。可见礼仪法度，是随着时代的变化而不断改变的。现在让猿猴穿上周公的衣服，它一定会把它咬破撕裂，脱光而后快。古今的不同，就像猿猴不同于周公一样。西施得了心疼的病，在村里皱着眉头，村里的一位丑姑娘看了觉得很美，回去之后也捧着胸口皱着眉头。村里的富人看到了，紧紧地关上门而不出来，穷人看到了，拉着妻子儿女走开。丑姑娘知道皱着眉头美，但不知道皱着眉头为什么美。可惜呀，你老师行不通啊！”

点 评

人们结怨之后，即使排解了，但还是会留下怨恨的根苗。所谓“相逢一笑泯恩仇”，其实泯灭不了。破镜可以重圆，但会留下裂痕。所以，化解怨恨的最好方式，是不结怨恨。如果不想与人结怨，就要不向人索取，同时因人顺时顺势而行。不向人索取而只是给予，通常能结下善缘。但要是给予的不好，也会招来人的怨恨，所以也得因人顺时顺势而行。孔子其实也不想索取什么，而是想把他的思想传授给人，然而他不知道应时而变，反而招来怨恨。这就像东施效颦一样，本来是想让别人一饱眼福，结果是招人厌恶。

二七 小国寡民

小国寡民①,使有什伯人之器而不用②,使民重死而不远徙③。虽有舟舆,无所乘之;虽有甲兵,无所陈之④;使民复结绳而用之⑤。甘其食,美其服,安其居,乐其俗。邻国相望,鸡犬之声相闻,民至老死不相往来。

(八十章)

【注释】

①小国寡民:使国家小,使百姓少。这是老子在古代农村社会基础上所理想化的民间生活情景。

②什伯(shíbǎi)人之器:相当于十倍百倍人工的器械。什,十倍。伯,百倍。

③重死:与"轻死"相反,以死为重,怕死。

④陈:通"阵"。摆列阵势。

⑤结绳:没有文字之前,古人用结绳来记事。

【译文】

国家小民众少,使民众即使有十倍百倍于人工的器械也并不使用,使民众重视生命而不向远方迁徙。虽然有船只车辆,但没有必要去乘坐;虽然有铠甲武器,也没有对象摆列阵势;使民众回到结绳记事的状态。使民众喜爱自己的饮食,佳美自己的服饰，安处于自己的居所，喜好自己的习俗。邻国之间可以相互看得见，鸡鸣狗吠之声可以互相听得到，而民众从生到死都不相往来。

扩展阅读

子独不知夫至德之世乎？昔者容成氏、大庭氏、伯皇氏、中央氏、栗陆氏、骊畜氏、轩辕氏、赫胥氏、尊庐氏、祝融氏、伏羲氏、神农氏①，当是时也，民结绳而用之，甘其食，美其服，乐其俗，安其居，邻国相望，鸡狗之音相闻，民至老死不相往来。若此之时，则至治已。今遂至使民延颈举踵曰②，"某所有贤者"，赢粮而趣之③，则内弃其亲而外去其主之事，足迹接乎诸侯之境，车轨结乎千里之外。则是上好知之过也。

(《庄子·胠箧》)

【注释】

①容成氏、大庭氏、伯皇氏、中央氏、栗陆氏、骊畜氏、轩辕氏、赫胥氏、尊庐氏、祝融氏、伏羲氏、神农氏：传说中古代帝王或部落首领，但多数不见于经传。

②遂：竟。　延颈：伸长脖颈。　举踵(zhǒng)：踮起脚跟。

③赢：担负。　趣：通"趋"，快步走。

【译文】

你难道不知道至德的时代吗？从前容成氏、大庭氏、伯皇氏、中央氏、栗陆氏、骊畜氏、轩辕氏、赫胥氏、尊庐氏、祝融氏、伏羲氏、神农氏，在那个时代，民众结绳记事，喜爱自己的饮食，佳美自己的服饰，喜好自己的习俗，安处于自己的居所，邻国之间可以相互看得见，鸡鸣狗吠之声可以互相听得到，而民众从生到死都不相往来。像这样的时代，就是最太平的时代。现在竟然使民众昂首抬脚而盼望说，“某地有贤能的人”，背着粮食去归向他，弄得对内遗弃了双亲，对外抛弃了主上的事务，足迹遍及各国的领地，车轨纵横交错于千里之外。这都是君上喜好智巧的过错。

点 评

老子和庄子的理想国，都是清静无为、民风淳朴的乌托邦。这样的乌托邦，也是后世文人学士孜孜以求的桃花源，不是向前看的结果，而是向后看的产物。在他们看来，社会历史的发展，实是人走向堕落和社会走向混乱的过程，因而他们不可能向前看，而只能向后看；只能主张复古，而不可能主张发展。这样的复古，并不是对社会现实的逃避，不是虚构一个乐园来聊以自慰，而是对现实的反抗和批判，是以复古求解放。通过他们幻想的这个平和宁静的乐园，人们更能清楚地看到现实的污浊与黑暗。

二八　信言不美

信言不美①，美言不信②。善者不辩③，辩者不善④。知者不博⑤，博者不知⑥。圣人不积⑦，既以为人⑧，己愈有；既以与人，己愈多。天之道，为而不害；圣人之道，为而不争⑨。

（八十一章）

【注释】

①信言：真实的话语。

②美言：华丽的言词。

③善者：善良的人。

④辩者：巧辩的人。

⑤知者：由于专一，故不广博。

⑥博者：所接触的广，故不能专工深知。

⑦不积：指不积累财物。

⑧既：尽，全部。

⑨为：帮助。

【译文】

真实的言论不华美，华美的言论不真实。善良的人不诡辩，诡辩的人不善良。有真知的人不广博见闻，广博见闻的人未必有真知。圣人不私自积藏，尽量帮助别人，自己也更加充足；尽量给予别人，自己也更加富裕。自然的法则，利物而不害；圣人之道，施助而不争夺。

扩展阅读

孔子问于老聃曰："今日晏闲[1]，敢问至道？"

老聃曰："汝齐戒[2]，疏瀹而心[3]，澡雪而精神[4]，掊击而知[5]！夫道，窅然难言哉[6]！将为汝言其崖略。夫昭昭生于冥冥，有伦生于无形，精神生于道，形本生于精，而万物以形相生，故九窍者胎生[7]，八窍者卵生[8]。其来无迹，其往无崖，无门无房，四达之皇皇也。邀于此者，四肢强，思虑恂达[9]，耳目聪明，其用心不劳，其应物无方。天不得不高，地不得不广，日月不得不行，万物不得不昌，此其道与！且夫博之不必知，辩之不必慧，圣人断之矣。若夫益之而不加益，损之而不加损者，圣人之所保也。渊渊乎其若海，巍巍乎其若山，终则复始也，运量万物而不匮[10]。则君子之道，彼其外与！万物皆资往焉而不匮，此其道与！中国有人焉[11]，非阴非阳，处于天地之间，直且为人[12]，将反于宗。自本观之，生者，喑醷物也[13]。虽有寿夭，相去几何？须臾之说也。奚足以为尧桀之是非！果蓏有理，人伦虽难，所以相齿。圣人遭之而违，过之而不守。调而应之，德也；偶而应之，道也；帝之所兴，王之所起也。人生天地之间，若白驹之过郤，忽然而已。注然勃然，莫不出焉；油然漻然[14]，莫不入焉。已化而生，又化而死，生物哀之，人类悲之。解其天弢[15]，堕其天袠[16]，纷乎宛乎，魂魄将往，乃身从之，乃大归乎！不形之形，形之不形，是人之所同知也，非将至之所务也，此众人之所同论也。彼此则不论，论则不至。明见无值，辩不若默。道不可闻，闻不若塞。此之谓大德。"

（《庄子·知北游》）

【注释】

①晏闲：安居闲暇。

②齐:通“斋”,斋戒。
③疏瀹(yuè):疏导。
④澡雪:洗涤,清洁。
⑤掊(pǒu)击:打破。
⑥窅(yǎo)然:深远的样子。
⑦九窍:指人类。
⑧八窍:指禽类。
⑨恂(xún)达:通达。
⑩运量:运用而量度。
⑪中国:中原一带的各国。
⑫直且:只不过,姑且。
⑬喑醷(yīnyì):气聚的样子。
⑭油然漻(liú)然:形容万物的变化消逝。
⑮弢(tāo):弓袋。
⑯袠(zhì):剑囊。

【译文】

孔子问老聃说:“今天比较安闲,请问什么是最高的道?”

老聃说:“你要斋戒,通导你的心灵,洗涤你的精神,打破你的智识!道是深奥难说的呀!我给你说个大概。那昭明显著的东西是从冥暗中产生出来的,有形的东西是从无形中产生出来的,精神是从大道中产生出来的,形质是从精气中产生出来的,而万物都是依形质气类而相互产生的,所以人类是胎生的,禽类是卵生的。它的来临没有形迹,它的离去没有边际,没有门径没有归宿,弘达四方大通万物。顺道而行,则四肢强健,思虑通达,耳聪目明,他用心而不会劳苦,他应接万物而无拘执。天没有它就不能高,地没有它就不能广,日月没有它就不能运行,万物没有它就不能昌盛,这就是道啊!见闻广博的不一定知晓道,擅长言辩的人不一定聪慧,所以圣人弃绝了这些东西。至于增益而看不出增益，减损它而看不出减损，才是圣人所要保持的。大道渊深如海，高大似山，周而复始，运转万物而不匮乏。然而君子之道，只是呈现在外么！万物都凭着它而不匮乏，这就是道啊！中原一带有人，既不偏于阴也不偏于阳，生存于天地之间，姑且称他为人，而能返本归宗。从本源上来看，所谓生命，就是气聚而成的东西。其间虽然有的长寿有的短命，但相差又有多少呢？只不过是须臾之间而已。哪里还值得去分辨尧与桀的是与非呢！瓜果有它生长的道理，人伦关系虽然复杂，还是依序相处。圣人遇到而不拒绝，过往而不留存。调和顺应，便是德；随机适应，便是道；帝因之而兴，王藉之而起。人生存于天地之间，就像骏马跃过空隙，俄顷之间而已。蓬蓬勃勃，万物都在生长；变化消逝，万物都在死亡。已经变化而生，复又变化而死，生物感到哀伤，人类为之悲痛。解除自然的束缚，毁掉自然的囊裹，转移变化，精神消散，身躯随之消逝，这是归于大本啊！由无形而变为有形，由有形变为无形，这是人们都知道的，但并不是得道的人所追求的，这也正是众人所共同议论的。得道的人不议论，议论的人没有得道。从明处寻求就不会遇见，言辩不如缄默。道不能听闻，听闻不如闭塞不听。这就是真正的得道。”

点评

我们可以把这一章看作是《老子》全书思想的浓缩。《老子》没有华美的言辞，也没有雄辩，更不是无所不包，然而对宇宙、社会、人生的把握和申述却能称得上真、善、智。老子教人要助人、施与、不争，更是表现出博大的胸怀和高远的境界。不过，老子不是宗教家，他也没有以救世主自居，这就更加可贵。庄子说：“明见无值，辩不若默。”在说了很多之后，我们也应归于沉默。老子的智慧，需要我们在沉默中领会。